인문주의자 허균, 개혁주의자 허균

인문주의자 허균, 개혁주의자 허균

초판인쇄   2018년 11월 30일
초판발행   2018년 12월 05일

지 은 이   중앙유라시아 문화연구센터
발 행 처   스타북스
등록번호   제300-2006-00104호

주   소   서울특별시 종로구 종로1가 르메이에르 1117호
전   화   02)735-1312
팩   스   02)735-5501
이 메 일   starbooks22@naver.com

ISBN   979-11-5795-436-0 03300

이 도서의 국립중앙도서관 출판예정도서목록(CIP)은 서지정보유통지원시스템 홈페이지(http://
seoji.nl.go.kr)와 국가자료공동목록시스템(http://www.nl.go.kr/kolisnet)에서 이용하실 수 있
습니다.(CIP제어번호 : CIP2018038980)

인문주의자 허균, 개혁주의자 허균

중앙유라시아 문화연구센터

스타북스

　문향 강릉의 자부심 교산(蛟山) 허균(許筠) 선생께서 서거하신지 400주년이 되는 해입니다. 우리 〈중앙유라시아 문화연구센터〉는 교육부와 한국연구재단, 그리고 강릉시의 후원으로 선생을 기리는 인문학 콘서트를 열게 되었습니다.

　인문의 중요성이 강조되는 시점이기도 하려니와 안주하는 일상에서 벗어나려는 개혁의 마인드가 필요하다는 생각에서 선생의 삶의 궤적을 반추하고자 하는 의도에서입니다.

　선생은 쓸모 있는 존재가 되기를 바라셨던 것 같습니다. 그래서 내침(파직)을 당하면서도 늘 벼슬에 뜻을 두었습니다. 존립 기반으로서의 자신의 재능에 대한 인정에의 욕구가 선생을 당대 인사들에게 환영받지 못하는 인물로 만든 면이 있습니다. 그들과의 불화와 그에 따른 갈등이 선생의 사유노선을 독자적인 것으로 만들었고, 그 결과 선생의 개혁주의가 다수로부터 배척당하게 된 면도 있습니다.

보는 이의 시각에 따라 선생의 인문주의와 개혁주의는 달리 받아들여질 것입니다. 인문학 콘서트에서 논의된 선인의 문학세계와 사회변혁에 대해 다른 세상에 계신 선생께서는 어찌 생각하실지 궁금합니다. 그러나 비판적 상론(相論)을 통해 현실을 극복하고 미래를 열어나갈 힘과 지혜를 얻을 수 있는 특정 대상이 있는 우리는 행복한 사람들입니다.

본 센터에서 발간하는 『인문주의자 허균, 개혁주의자 허균』이 우리의 인문학적 삶과 내면의 개혁에 의미 있는 역할을 하게 되길 희망합니다.

2018. 12. 5

중앙유라시아 문화연구센터

센터장 연호탁

차례

1부

인문주의자 허균,
그가 걸어온 길 위에서 오늘을 성찰하다

인문주의자 허균, 그가 걸어온 길 위에서 오늘을 성찰하다

장정룡(강릉원주대 교수)

교산(蛟山) 허균(許筠, 1569~1618)은 문향(文鄕) 강릉이 낳은 세계적 문인이다. 일찍이 매천 황현이 "초당 가문에 세 그루 보배로운 나무, 제일의 신선재주는 경번에 속하였네."라고 〈찬국조제가시(讚國朝諸家詩)〉에서 언급하였듯이, 세 그루 보배로운 나무는 초당 허엽 선생과 그의 둘째 부인 강릉 김씨 세 자녀 즉 하곡 허봉, 난설헌 허초희, 교산 허균을 말한다.

교산은 초당 허엽의 첫 부인 청주 한씨에게 태어난 장남 악록 허성과 함께 허씨 5문장가를 이루어, 글 잘 짓고 학문하는 것을 자랑거리로 삼는 강릉 땅 초당에서 살았으며 경포호의 아름다운 풍광을 탐승하며 시를 읊고 문학성을 키워 나갔다. 초당 허엽 가문의 막내아들 교산은 〈경포호를 그리워하며〉 시에서 "사람의 일이란 게 어그러짐만 많아라, 따뜻한 햇볕 은택 입어 시든 이 몸 되살

11

아나면, 여기로부터 동쪽 길로 채찍질하며 돌아가리라. 고향 뜨락엔 솔과 국화 아직도 오솔길 셋이 있으리니, 늙어서 농사일이나 즐기자고 내 스스로 결단했네. 산과 골짜기 풍류가 우리들 일이거니, 붕새의 길 따라 잡으려는 생각 다시 않으리라."고 말할 정도였다.

하지만 교산은 최분음에게 보낸 편지(1607년 9월)에서 "대장부의 일이란 관 뚜껑을 덮고 나서야 끝나는 것"이라 할 만큼 그의 생애를 갈무리하면 한마디로 파란만장했다고 말할 수 있다. 그러한 개관사필(蓋棺事畢)의 올곧은 선비정신은 훗날 그의 큰 매형 우성전이 "뒷날 문장을 잘하는 선비가 되기는 하겠지만, 허씨 집안을 뒤엎을 자도 반드시 이 아이일 것이다."라고 말한 것처럼 허씨 가문에 큰 회오리바람을 몰고 왔다.

조선 중엽 강릉에서 태어난 교산은 혼란한 시대에 잦은 국난과 외침, 파쟁에 시달리면서도 부패하여 무너져 가는 나라를 걱정하면서 새로운 이념을 제시하였다. 동시에 그는 외향적으로 비추어진 강인한 개성과 달리 내적으로 다정다감한 인물이었다. 일가친척과 친구, 불우한 처지의 사람들에게 한없는 애정을 표현했다.

벗 임수정의 죽음 앞에서는 울면서 애도의 글을 지었는가 하면, 사회적 차별을 받은 서얼들을 도와주었으며, 승려, 기생들과도 거리낌없이 교유하였다. 종교적인 측면에서도 유교사회 하에서도 불교와 도교, 천주교 심지어 민속종교를 넘나드는 사상의 자유로움을 지녔을 뿐 아니라, 오도된 권위와 사회적 질곡에 맞서 개혁과 저항의 행동가로 평생을 보냈다.

교산은 양반의 적자로 태어났음에도 기득권을 포기하면서까지 서얼차별을 반대했고, 망국병인 지역갈등의 타파를 강력하게 주장하였다. 그는 당시의 시대적 한계와 사상의 획일성에 반기를 들고 부패한 정치와 잘못된 제도를 실천적으로 개혁하려 했으며, 백성이 나라의 근본이며 오직 두려워 할 자는 백성뿐이라고 갈파하여 왕조사회를 뒤흔들었고, 더 나아가 바른 정치를 이끌어나갈 호민(豪民)인 민중들이 힘을 보여줄 것을 권고하였다.

문학에서는 도를 담아야 취급받던 재도적(載道的) 문학관을 타파하고, 자유로운 성정(性情)의 표현과 쉽고 편리한 일상어의 사용을 강조했으며, 이용후생의 실학시대를 예고한 인물이기도 하였다. 그는 후대의 평가에 연연하여 학문 속에 갇혀 지내거나 곡학아세(曲學阿世)하지 않았다. 학자들에게는 '배운 자는 바르게 살아야 한다'고 주장했으며 임금에게는 '인재를 버리지 말라'고도 충고하였다.

교산은 폭넓은 학식과 실천적 지식을 지녔으며, 번득이는 지혜로 적절하고 과감한 충고를 잊지 않았으며, 외교가로서 유려한 문체를 지녀 세상을 놀라게 했다. 한편으로 세상의 한계 속에서 부지런히 일하고, 글을 쓰고, 고뇌하며, 사색하면서 자유로운 삶을 지향하였다. 그는 또한 미래지향적 이상국가의 실현을 현실정치를 통해 실천하기를 꿈꾸었다. 따라서 그를 선구자나 선각자라고 평하기보다는 실천가요, 행동가요, 개혁가라고 해도 지나치지 않다.

허균은 누구인가? 그는 조선왕조가 무너질 때까지 유일하게 복권되지 못했으며, 모두가 언문이라고 천시하던 한글로 이상국가의 꿈을 그린 〈홍길동전〉을 남겼다. 한마디로 그의 꿈은 평등사회, 개방사회, 국제사회를 실천하는 것이며, 이미 400년 전에 나아갈 우리가 나아갈 민주사회의 바른 방향을 제시했다는 점이다.

강릉 출신 조선조의 문제인물이며 유교반도이자 불세출의 영웅이 교산 허균(1569~1618)이다. 그가 말했던 것과 같이 불여세합(不與世合), 즉 당시 세상과 영합하지 않고 스스로 불화했다. 스스로 벼슬길에서 6차례 파직과 3차례 귀양을 가는 등 80일을 넘기지 못하였다고 자책하기도 하였다. 그의 파란만장한 생애에서 정치, 경제, 사회, 사상, 문학에 있어 많은 문제점을 제기하였다. 조선왕조 500년이 끝날 때까지 유일하게 복권되지 않은 인물, 그러므로 당대에는 역적으로 남았으나 오늘날 그는 민주화와 선진화, 민권과 인권, 자유로운 성정을 발하는 대중문학을 중시한 앞서간 지식인이자 행동하는 양심이었다.

교산의 생애를 수백 년이 지난 오늘에 이르러 정확히 서술하기란 어렵다. 따라서 그가 남긴 글과 다른 사람들의 평가를 통해 추적해 보는 것이 타당할 것이다. 교산이 오래 전 인물임에도 불구하고 보다 분명한 것은 그의 문학과 사상이 시대를 초월하여 우리들에게 많은 영향을 끼치고 있음은 실로 감동적이지 않을 수 없다. 그는 비록 역적이라는 누명을 쓰고 사라졌으나 오히려 행적은 결코 지워지지 않았고, 대다수 민중들에 의해 또렷하게 되살아나고 있다고 해도 과언이 아니다.

교산의 생애를 연대기적 서술방식에 따라 살펴보면 유년기는 뛰어난 가문의 불행한 가정생활이었으며, 중년기는 잦은 파직과 서행직책, 왕성한 문학활동으로 다사다난했으며 말년은 득세와 의문스런 파국을 맞이하였다. 혼란의 시대, 파당적 대립구조 속에서 교산의 삶도 다양하게 점철될 수밖에 없었다.

하지만 교산의 문학적 열정은 복잡한 벼슬길에서도 결코 식지 않았다. 귀양길이나 피난처, 심지어 감옥 안에서도 그의 읽고, 쓰며, 사색하는 행위는 지속되었다. 그가 생전에 엮었던 문집《성소부부고》가 전하고 있는데 그는 정치인이었지만 문학인으로 시적 형상화에 몰두했으며, 역대 문인에 대한 해박한 평설을 남겼다. 진흙 수렁 속 같은 파당의 정치세계에서 그는 살아남지 못하였다. 교산의 고집스런 당당함, 불여세합의 생애를 몇 단계로 나누어 불우했던 성장기부터 잦은 파직과 서행기, 왕성했던 문학활동기, 의문의 득세와 파국기까지 살펴보기로 한다.

성장기(1세~24세)를 나누면 교산 허균은 양천이 본관으로 고려 때부터 대대로 문장가를 배출한 집안의 후예이다. 자는 단보(端甫), 호는 교산(蛟山) 성옹(惺翁) 성수(惺叟) 성소(惺所) 촉재주인(燭齋主人) 비야거사(毗耶居士) 백월거사(白月居士) 등으로 경상감사를 지낸 초당 허엽(1517~1580)의 막내 아들이다. 교산이 지은 문집《성소부부고 惺所覆瓿藁》(1611) 권12, 문부 9,〈해명문:운명을 풀이하는 글〉에서 다음과 같이 자신의 생애를 돌아보았다.

나는 기사년(1569년, 선조2) 병자월(11월), 임신일(3일) 계묘시에 태어났다. 성명가(사주를 보고 운명을 점치는 사람)가 하는 말이 '신금이 명목을 해치고 신수가 또 비었으니 액이 많고 가난하고 병이 잦으며 꾀하는 일이 이루어지지 않겠다.⋯나는 늘 그전부터 이 말을 의심하여 왔으나 벼슬길에 나온 지 17~8년이래 거꾸러지고 무너지고 총애를 받거나 욕됨의 갖가지 양상이 은연중에 말과 부합되니 이상도 하다.

　　교산 허균이 살았던 선조와 광해군 시대는 끝없는 내우외환(內憂外患)으로 복잡했으며, 낡은 시대적 권위가 새로운 이념으로 바뀌지 않은 채 암중모색하던 격동기였다. 임진왜란으로 많은 피해가 있었으며, 이로 인한 민중의 동요, 민란의 속출, 고질적인 당쟁, 적서차별의 심화, 관리와 토호들의 전횡과 횡포, 전통적인 농촌사회의 몰락 등이 현실화되었다.

　　이러한 혼란의 시기에 초당 허엽의 셋째 아들로 강릉에서 태어났다. 그의 출생지가 정확하지 않으나 사천 교산에서 태어난 것으로〈호서장서각기 湖墅藏書閣記〉나〈지사촌 至沙村〉등의 시문에서 밝히고 있다. 교산(蛟山)은 그의 아호로서 현재 강릉시(시군통합전의 명주군) 사천면 사천진 2리 바닷가에는 교문암(蛟門岩)이 있으며, 산 이름에서 아호를 따왔다. 이곳은 그의 외가인 애일당이 있던 곳으로 판교리에는 양천 허씨가 살고 있다. 시에 나오는 사촌은 사천진리로 허균은 난리를 당했을 때나 벼슬에서 멀어졌을 때 고향 강릉으로 돌아와 초당과 사천에서 지냈으며, 한양에 있을 때도 늘 그리워하였다. 다음의 시를 보면 잘 나타난다

억명주(憶溟州:고향 명주를 그리워하며)

벼슬길에 바람이 휘몰아칠 때마다/강릉에 내려가 묻혀 지내곤 했었지

나그네 시름은 한식 뒤에 더한데/빗소리 속에서 꽃들은 피노라

높은 벼슬이 아직 나를 붙든다해도/안개와 노을이 어찌 그대를 저버리랴

돌아갈 기약이 아직도 아득하니/탄식하며 헛되어 글만 짓노라

지사촌(至沙村:사촌에 이르러)

걸음이 사촌에 이르자/갑자기 얼굴빛이 환해지노라

주인이 돌아올 날들을/교산은 여태 기다리고 있었구나

붉은 빛 정자에 혼자 오르니/하늘이 바다로 이어졌구려

아득하게 넓게 퍼진 그 곳/나는 지금 봉래산에 들어 있노라

강성자(江城子)

비단 창에 봄 날씨 오경 바람 거세고/둘러친 병풍 속 촛불도 붉네

서쪽 방에서 잠을 깨보니/이슬비에 창문도 어두워졌구나

저 멀리 강릉 보니 그 사람 안보여/한 많게 연꽃보고 흐느낀다네

푸른 바다 넓은 하늘 푸른 연기 덮였고/취미봉은 맑은 하늘 향했구려

멀리 상상하니 눈처럼 하얀 파도/응당 경포호와 상통할 것이라네

임 그리는 천 방울 내 눈물 부처도/동쪽 초당에 이르지 못하겠지

 상기의 〈강성자〉 시는 《교산억기시 蛟山臆記詩》에 들어 있는
데 27세 때인 1595년 강릉 소금강 청학산으로 입산하는 양비로를
전송하며 경포호와 초당을 그리워한 것이다. 〈우회 寓懷〉에서는
어려서 뛰어 놀던 강릉 초당을 그리워하며 "초당에 봄이 와도 돌
아가지 못하는 이 신세"라고 한탄했다.
 경포호수 정자에 대한 시 〈호정 湖亭〉에는 "머리 희어 팔 년 만
에 이곳에 다시오니/그림배에 홍장기녀 싣고 갈 뜻 없구려"라 하
였다. 이는 다산 정약용의 《목민심서》에 기록된 강원도 안찰사 박
신과 강릉기녀 홍장의 고사를 일컫는 경포팔경 가운데 홍장야우
(紅粧夜雨) 고사와 《신증 동국여지승람》에 기록된 경포화방(鏡浦
畵舫:경포호의 그림배) 이야기를 생각나게 한다.
 《화사영시 和思穎詩》는 고향 강릉에 대한 사랑이 담겨 있는 시
집이다. 그 가운데 "내 집은 경포호 서쪽"이라 했고 "동해 물가에
는 별장이 있다"고 했으며 "경포호로 함께 가서 고기나 낚고 싶네"
"경포호 물 맑고 배 띄우기 좋으니, 어느 날 돌아가서 낚시대를 만
져보나" "생각나는 동쪽 물가 나의 고을, 풍속도 순박한데 해마다
풍년일세" "경포호는 자그마치 삼백리라, 무슨 꾀로 내 이 시름 씻

어낼까” “강릉이라 해상성에 함께 늙자 했건만, 뉘 이르리, 귀양살
이 묵은 계획 어길 줄을, 도리에 한 자리서 우정이나 나눴으면…”
이라 읊었다.

허균 선생의 〈애일당기 愛日堂記〉에는 “옛날에 큰 바위와 냇물
이 있었는데 바위가 무너질 때 늙은 교룡이 그 밑바닥에 엎드려
있었다. 그 교룡이 가정 신유년(1501) 가을에 그 바위를 깨뜨리고
떠나는 바람에 두 동강이 나서 구멍이 뚫린 것이 문처럼 되었으므
로 후세 사람들이 교문암이라 불렀다.”고 하였다. 교산 아래 애일
당 택호는 효자애일(孝子愛日)에서 따온 것으로 허균 선생의 외
조부인 예조참판 김광철(1488~1550)공이 40년 간 살았으며, 그 집
안의 둘째 따님이 바로 허균의 모친이다.

벼슬에서 물러나 강릉으로 내려온 교산이 〈여석주서 與石洲書:
석주에게 준 글〉에서 “강릉 외가로 돌아오니, 내가 고향집을 떠난
지 벌써 8년이라 풍상을 겪는 서글픈 마음이 배나 더하였습니다.
읍 동쪽에 작은 서당이 있어 학생 5~6명이 문을 닫고 책을 읽고 있
으니, 남은 생을 이곳에서 보내고 싶으나 하늘이 사람의 욕심을
허락해 줄지 모르겠습니다.”고 하였다. 교산 아래 외조부 김광철
이 지냈던 애일당에서 태어난 허균은 어려서 아버지를 따라 유성
룡 · 노수신 등 재상과 이순신 · 원균 장군들이 살고 있는 서울 건

천동에서 자라다가 1577년 8세 때 상곡(명례방)으로 이사를 갔다.

교산은 고려 때부터 문장으로 이름난 집안 태생이었으며 문장가 집안의 막내로 큰형인 허성, 둘째형 허봉, 누이인 허난설헌에게서 많은 영향을 받았다. 자신도 서경덕·나식 등의 스승에게 글을 배웠다. 형과 누나의 영향에 따라 허균의 재능은 일찍이 나타났다. 교산에게 적대감을 가졌던 유몽인도《어우야담》에서 "총명하고 영특하였다"고 말하고, 균의 매부 우성전이 "뒷날 문장을 잘하는 선비가 되기는 하겠지만, 허씨 집안을 뒤엎을 자도 반드시 이 아이일 것이다"고 말한 것을 인용하였다.

《조선왕조실록》선조 31년(1598) 10월 13일조에 보면 "허균은 타고난 성품이 총명하여 모든 서적을 박람(博覽)하였으므로 글을 잘하였다. 그러나 사람됨이 경망하여 볼 만한 것이 없다."고 평하였다. 이처럼 그에 대한 평가는 양면성을 지니는데, 뛰어난 문장력을 평가하면서도 언행이 극단적이라 하여 비판하고 있다. 그의 이러한 면모는 가정사나 성장과정에 비롯되었을 것으로 추측된다. 자신의 성격에 대하여《한정록서 閒情錄序》에서 말하였다.

성성옹(허균자신)은 어릴 때부터 응석받이로 성장하여 찬찬하지 못하고, 또 부형이나 스승 그리고 훈장이 없어서 예법 있는 행동이 없었다.

또 조그만 기예는 세상에 보탬이 될 만하지도 못하면서 21세에 상투를 싸매고 과거를 보아 조정에 나갔다.

교산은 불과 아홉 살에 시를 지었으며 뛰어난 기억력에 많은 책을 줄줄 외웠다. 그러나 가정적으로 그가 존경하던 부친은 허균의 나이 12세인 1580년 2월 4일 상주 객관에서 사망하였다. 당시 왜구의 움직임이 심상치 않자 선조는 경험 많은 허엽 선생을 경상감사로 임명하였다. 재임기간동안 허엽은 치적을 쌓아 판서로 승차할 예정으로 돌아오는 길에 숨을 거두었다. 어린 나이에 아버지를 잃은 허균은 그때부터 형들에게 의지하고 좋은 스승을 만났다.

나는 열두 살 때 엄친을 여의었으므로 어머니나 형님들은 나를 어여삐 여기고 사랑만 하여 독책을 더해주지 않았지요. 사람들은 총명하고 민첩하기가 무리에 뛰어났다고 여겼으며 나도 역시 스스로 자랑할 뿐 자못 학문과 문장이 당초에 기람의 풍부한 데만 있지 않다는 것을 몰랐었네. 중형이 비로소 고문을 가르쳐 주었으며, 뒤에 문장은 서애(유성룡) 정승에게서 배웠고, 시는 손곡(이달)에게서 배우고야 바야흐로 문장의 길이란 여기에 있지, 저기에 있지 않다는 것을 알고 차츰 입문하고자 했으나 시속에 끌린바 되어 세상에 나가 이미 장원에 뽑혔다.

〈이생에게 답한 글, 1609년〉

　　교산의 아버지 허엽(許曄, 1517~1580) 선생은 호를 초당(草堂), 자를 태휘(太輝)라고 했으며, 화담 서경덕, 퇴계 이황에게서 글을 배웠다. 허초당은 성균관 대사성, 사간원 대사간 등을 거쳐 경상도 관찰사를 지냈는데 인격과 행실도 여러 사람에게 칭송을 받아 동인의 우두머리가 되었다. 그의 첫째 부인은 한숙창의 딸이었고, 둘째 부인이 김씨였는데, 허균의 어머니 강릉 김씨는 예조참판 김광철의 딸이었다. 이 몸에서 봉·초희·균 세 남매가 태어났다. 한숙창의 몸에서 태어난 딸 중에 장녀는 박순원에게, 차녀는 우성전에게 출가하였다.

　　교산의 큰형 허성(許筬, 1548~1612)은 호가 악록(岳麓), 자는 공언(功彦)으로 1548년 한씨 부인에게서 태어났다. 허균의 이복형인 허성은 균보다 22세 연상이며 미암 유희춘의 문인으로 36세에 대과에 급제하였다. 그는 부친의 뒤를 이어 당쟁의 중심에 위치했는데 선조의 신임이 두터워 대사성·대사간을 거치고, 동지중추부사, 이조·예조·병조판서를 지냈다. 허성은 선조 22년에 일본 통신사로서 황윤길의 서장관으로 일본에 다녀오는 등 외교가로서 자질을 발휘했으며 글씨에도 뛰어났다.

특히 동서붕당으로 동인이 권력을 잡고 있는 시기에 김성일과 함께 동인이었으나, 서인인 황윤길의 주장에 동조하여 사림의 존경을 받았으며 선조 임금이 어린 영창대군을 부탁하는 밀지로 유언을 받든 '유교칠신(遺敎七臣)' 중 한 사람이었다.

《조선왕조실록》에는 동지중추부사 허엽의 사망에 대한 기사에서 "세 아들 성·봉·균과 사위인 우성전·김성립은 모두 문사로 조정에 올라 논의하여 서로의 수준을 높였기 때문에 세상에서 일컫기를 '허씨가 당파의 가문 중에 가장 치성하다'고 하였다. 허균이 패역으로 주멸당함에 미쳐서야 문호가 침체되었다"고 기록하였다.

교산의 큰 누님은 우성전에게 시집을 갔는데 우성전은 문과급제후 대사성에 이르렀고 임진왜란 때 의병을 일으켜 공을 세웠다. 교산의 작은 형 허봉(許篈, 1551~1588)은 호가 하곡(荷谷), 자가 미숙(美叔)으로 1551년 허엽의 둘째부인 김씨부인에게 태어났다. 그는 형 허성과 함께 유희춘에게 글을 배웠으며 17세에 생원시에 장원하였다. 허봉은 허성보다 대과에 11년이 앞서 급제한 수재로 재능이 뛰어나 33세에 성절사로 명나라에 다녀왔다. 벼슬은 부수찬 교리, 창원부사 등을 역임했는데, 부친이나 형과 같이 동인에 속하여 창원부사 시절 도승지 박근원, 장흥부사 송응개 등과 함께 율곡의 죄를 논하다가 당쟁에 휘말려 함경도 변방 종성으로 유배되었다.

그는 영의정 노수신과 예조판서 유성룡의 주청으로 귀양에서 풀렸으나, 성격이 강직한 탓에 한양으로 돌아오지 않고, 벼슬을 버리고 백운산에 들어갔다. 이후 춘천, 금강산 대명암에서 유랑생활을 하다가 금화 생창역에서 38세에 죽었다. 이 때는 난설헌이 돌아가기 바로 한 해전이었다. 허봉은 허균의 스승 이달과 시우(詩友)였으며 사명당과도 친분이 있었으며, 뛰어난 문장과 재주로서 현재는《하곡집》과《하곡조천록》《해동야언》이 전한다.

그는 교산에게 많은 영향을 끼쳤는데, 불교를 좋아한 점이나 세상을 보는 눈과 성격 등이 유사하다. 봉과 여동생 초희, 그리고 막내 균 등 세 남매의 우애는 남달리 돈독했으며 하곡의 천재성은 동생들에게 많은 영향을 끼쳤다. 매천 황현은 봉·초희·균 세 남매를 칭송하였으며《전고대방》문장록에도 하곡·난설헌·허균 세 남매가 올랐을 정도로 이들의 뛰어남은 남달랐다.

교산은 이러한 가정환경아래 일찍 아버지를 여의고, 홀어머니 김씨 밑에서 자라났다. 자신의 똑똑함을 지나치게 의식한 허균에게 천재시인으로 이름난 손곡 이달이 나타난다. 삼당 시인이 이달은 서자출신으로 벼슬에는 오르지 못했으나 허균은 손곡 이달에게 시를 배우고 서애 유성룡에게서 문장을 배웠다. 교산은 17세가 되던 1585년에 자신보다 두 살 아래 김대섭의 둘째 딸을 아내로 맞았으며 한성부에서 치르는 초시에 급제하였다. 22세가 되던 1589년 생원시에 급제하고 공부를 했다. 당시 일본은 도요토미 히데요시가 대륙침략의 꿈을 꾸자 조정에서는 황윤길 · 김성일 · 허성을 사신으로 파견하였다. 허균의 큰형인 허성은 황윤길과 함께 "침략이 있을 것이다"라고 보고하였으나 조정에서는 동인들의 주장에 따라 김성일의 의견을 받아들였다.

일본은 침략준비를 마치고 1592년 4월 14일 고니시의 군대가 부산으로 침략하자 선조는 평안도로 피난길을 떠났다. 허균도 임진란에 홀어머니 김씨와 만삭이 된 아내와 딸을 데리고 덕원으로 해서 함경도 곡구로 피난을 떠났다. 피난길에서 허균의 가족은 가토오의 군대에 쫓겨 단천에 이르러 7월 7일 첫아들을 얻었다. 그러나 피난중이라 부인은 마음놓고 몸을 풀 수 없어 허균은 어머니와 어린 딸과 함께 밤새도록 걸어서 임명역에 이르렀다. 아내는 산고의 후유증을 견디지 못하고 목숨이 끊어졌다. 어찌할 도리 없이 아내를 뒷산에 임시로 묻은 다음 갓난아기를 업고 피난을 갔으나 아기마저 젖이 없어 죽고 말았다. 함경도가 왜군의 손에 들어가자 허균은 배를 타고 강릉으로 피난을 오게 된다. 여기에는 어머니 김씨 부인의 친정인 애일당, 즉 자신의 생가가 있었다. 그는 외조부 김광철이 40년 간 지내던 애일당에 묻혀 두보의 시를 공부하였다. 〈망처숙부인김씨행장〉줄거리는 다음과 같다.

부인은 융경 신미년(1571)에 나서 열 다섯에 우리 집으로 시집왔다. 언행은 삼가 공손하면서도 질박했고 꾸밈이 없었다. 길쌈을 하는 것도 부지런하여 조금도 게으르지 않았고, 말을 하는 것도 마치 입에서 나오는 것 같지 않았다. 나의 홀어머님을 섬기는 데도 매우 공손하여서 아침저녁으로 반드시 찾아뵈었다.(중략) 임진왜란을 만났을 때 적을 피해서 다녔는데, 마침 애를 배어서 지치고도 급하게 되었다. 단천에 이르러서 7월 7일에 아들을 낳았다. 겨우 이틀이 지나자, 적들이 갑자기 이르렀다… 아내는 10일 저녁에 목숨이 끊어졌다. 소를 팔아서 관을 사고 옷을 찢어서 염했다. 살덩이가 아직도 따뜻해서, 차마 땅에 묻을 수 없었다. 곧 적이 성을 공격한다는 소문이 들렸다. 진창의 도사가 급히 명령을 내려서 뒷산등성이에 임시로 묻었다. 그대가 세상에서 누린 나이는 스물 둘이요. 나와 함께 산 것은 모두 팔 년이었다. 아아, 슬퍼라. 그대가 낳은 아들도 젖이 없어서 일찍 죽었다. 처음에 딸하나를 낳았는데, 자라서 진사 이사성에게 시집을 갔다.(중략) 을미년(1595) 가을에 길주로부터 그대의 주검을 옮겨가다가 강릉 외갓집 쪽에다 장사지냈다. 경자년(1600) 3월에 어머님을 따라 원주 서면 갈대숲에다 마지막으로 관을 묻었다. 이 언덕은 선영의 왼쪽에 있었는데, 동북쪽을 등지고 서남쪽을 바라보는 곳이다. 이에 삼가 적는다.

교산은 비교적 부유한 가정에서 태어났지만 6남매 중 큰형 성과 우성전. 박순원에게 결혼한 두 딸은 서평군 한숙창의 딸인 한씨 소생이고 봉·난설헌·균은 후취 예조판서 김광철의 딸인 김씨 소생이다. 임자년(1612) 정월에 허균은《사명집》서문을 썼는데 여기에 자신의 생활을 간략하게 서술하였다.

임진년(1592) 겨울에 나는 왜놈들을 피해서 명주(강릉)로 가 있었다. 거기서 들으니 스님(유정)은 의병을 모아서 나라의 어려운 일을 구하며, 스승(사명대사)을 대신해서 무리들을 거느리고 여러차례 왜놈을 쳐부수었다고 한다. 나는 뛸 듯이 기뻤다.(중략) 계묘년(1603) 가을에 스님은 조정의 벼슬을 내어놓고 상원사 옛 절로 돌아갔다. 그곳에서 감호(강릉 경포호) 시골집으로 나를 찾아왔다. 그때 나는 세상에서 버림받고 한갓 불경이나 읽으며 젊은 마음을 달래었다.〈사명집 서문〉

교산은 나이 12세에 부친을 갑자기 여의고, 20세에 그를 아껴

주던 중형 봉을 여의고, 잇따라 22세에 누이 난설헌 마저 사별하는 가정적 불행을 겪는다. 이후 24세에 임진란을 맞아 피난 중 부인과 아들을 잃고 29세에 김효원의 딸을 재취하기에 이르러 가정적으로 불행했음을 감지할 수 있다. 그러나 허균을 포함한 집안의 공통점은 모두 학문에 밝았다는 것이다. 또한 외교가·문장가로 이름을 떨쳤으며, 글씨에 능하였고, 또한 청백리가 많으며 직언을 잘하고, 모두 고관대작을 지냈다. 교산이 쓴 가족사는 다음과 같다.

우리 선대부(허엽)의 문장과 학문과 절행(節行)은 사림(士林)에서 추중(推重)하였다. 백형(허성)이 경전을 전해 받았고, 문장도 또한 간략하면서 무게가 있었다. 중형(허봉)은 학문이 넓고 문장이 매우 고고(高孤)해서 근대에는 견줄 사람이 드물다. 자씨(姊氏, 허난설헌)의 시는 더구나 깨끗하고 장하며, 높고 고와서, 개원(開元)·대력(大曆) 시대 사람들보다 뛰어났다. 명망이 중국에까지 전파되어서 진신사부(搢紳士夫)가 모두 칭찬한다. 재종형(再從兄) 적씨는 고문(古文)을 공부해서 시격(詩格)이 매우 높고 굳세며, 부(賦)는 더구나 뛰어나서 국조 이래로 그 짝이 드물다. 나도 비록 불초하나마 또한 가성(家聲)을 떨어뜨리시 않아서 문예(文藝)를 담론하는 사람 중에 이름이 참여되고,

중국사람에게도 제법 칭찬을 받는다. 부자(父子) 네 사람이 아울러 제고(制誥)를 맡았다. 선대부께서 작고하자, 형이 또 호당(湖堂)에 사가(賜暇)되었으며, 3형제가 모두 사필(史筆)을 잡기도 했다. 중형과 불초는 아울러 과거에 장원했고, 불초는 또 세 번이나 원접사(遠接使)의 종사관(從事官)으로 되기도 했다. 그리하여 당시에 문헌(文獻)하는 집으로서는 반드시 우리 가문(家門)을 첫째로 하였다.《성옹지소록, 하권》

파직과 서행기(25세~39세)를 보면, "용을 고삐와 쇠사슬로 얽어매지 마시오. 용의 성질이란 본디 길들이기가 어려운 것입니다." 이 글은 교산이 1607년에 최분음에게 보낸 편지글이다. 용이 되지 못한 불세출(不世出)의 영웅이었던 허균이 이 세상과 조화롭지 못했음을 간접적으로 말한 것으로 보인다. 〈사우재기 四友齋記〉에서 스스로 '불여세합'(不與世合)이란 말로 세상과 화합하지 못했음을 시인했는데 성격이 특이했던 것으로 생각된다. 허균은 불교나 선교, 천주교 등에 심취했다는 이유와 반대 당파의 공격과 중상 등이 작용하여 6회나 파직을 당하고 3회나 유배 가는 삶을 살았다. 하지만 뛰어난 문장력을 인정받아 중국 사신으로 5차례나 다녀오는 화려한 관료생활도 지냈다. 이처럼 교산의 생애에서 특징적인 것은 파직과 서장관으로 활약한 것이다. 전자가 그의 천성이나 현실적 갈등의 결과라면 후자 중국가는 서행(西行)은 그의 뛰어난 문학성과 글재주에서 비롯된 것이다.

그는 21세에 생원시에 합격한 이래 26세에 정시을과, 29세에 중시 장원으로 급제하였다. 이때부터 벼슬길에 올라 30세에 병조좌랑을 거쳐 이듬해 황해 도사가 되는데 불과 반년 만에 사헌부의 규탄을 받고 파직된다. "허균은 서울에서 창기들을 데려다가 모아놓고, 따로 관아를 만들었습니다. 또한 무뢰배와 중방, 심지어는 부처의 이름을 부른 자까지 이끌고 다닙니다. 그의 첩과 서로 표리가 되어서 제멋대로 청탁을 하므로 그들이 끼치는 민폐가 너무도 많습니다"는 것이 상소내용이다. 이것이 첫 번째 파직으로 50세를 일기로 1618년 서시에서 역적누명을 쓰고 생을 마무리할 때까지 여섯 차례 파직된다.

36세에 수안군수로 선임되어서 제멋대로 행동하는 이방헌이라는 토호를 벌주어 죽게 되자 자신의 행동이 법에 어긋나지 않았다고 떳떳하게 밝힌 뒤 벼슬을 놓았고, 39세에 종3품 삼척부사가 되었다. 그의 큰형이 예조판서로 임명되던 1607년 3월 23일이었다. 이 지역은 동인과 서인의 당파싸움이 시작될 무렵 장인 김효원이 좌천되어서 왔던 곳이고, 아버지 허엽이 삼척부사로 치적을 쌓은 곳이었다. 그러나 농년 5월 11일에 사헌부로부터 불교를 좋아하여 참선 예불을 한다는 이유로 규탄을 받았다.

선조는 허균의 재주를 아껴 파직만은 하지 않으려 했으나 허균의 반대파가 극성을 부려 할 수 없이 허락하였다. 불경을 읽는 것을 사헌부에서 탄핵했는데 그는 이것은 오히려 부정하지 않고 내세웠다. 즉 "그대들은 그대들의 법이나 써라. 나는 내 인생을 나대로 살리라"는 〈문파관작〉의 시로 응답했다. 이듬해 1608년 공주목사가 되었으나 성격이 경박하다하여 충청도 암행어사에 의해 파직되어 함산으로 귀양가기에 이른다. 이후 광해군 시대를 맞아 42세가 되던 1609년 천추사의 명을 받았으나 아프다는 이유로 나가지 않아 파직되었고, 전시관으로 그의 친척을 합격시켰다고 함열 땅에 유배되었다.

문학활동기(40세~45세)를 보면 교산은 시대적 혼란 속에서 자신만의 문학적 가치관을 지녔다. 그의 자전적인 글인 〈성옹송 惺翁頌〉은 문학을 통해 나름의 즐거움을 체득하였음을 보여준다.

성옹이란 어떤 사람인가, 내 감히 그 덕을 찬송해 보려네. 어쩌도 그리 어리석은 지 아는 것이 없어서 고루하게 보여라. 너무 어리석어서 용렬한 듯도 하니 옹졸하고도 또한 고루해라. 공이 있다고 어찌 자랑하는가 고루하다 해도 초조해 하지 않고, 어리석다 해도 분히 여기지 않네. 분함을 억누르고 조급함을 그치니, 아무 것 모르는 듯 무덤덤한 얼굴이어라. 온 세상이 이익을 다투건만 성옹 만은 불행하고, 남들은 괴롭다 하건만 옹만은 홀로 즐거워하네. 마음이 편안해지고 정신이 고요해지니, 용렬하고 고루한 몸으로도 정(精)을 모아서 기를 가득 채우네. 어리석고도 무식하기에 형벌을 당해도 두려워하지 않고 비웃음을 받아도 슬퍼하지 않네. 남들이야 헐뜯든 꾸짖든 내버려두고, 자기 나름대로 기뻐하며 즐거워하네. 그대 스스로 덕을 기리지 않는다면 그 누구라서 그대를 칭송해 주리오. 성옹이라 그 누구신가. 허균 단보가 바로 그일세."

교산의 창작력은 실로 왕성했으며 한번 스쳐 본 글은 잊어버리지 않는 기억력 또한 비상했다. 임진란을 피해서 강릉에 머물던 1593년 즉 25세가 되던 해《학산초담》을 지었다. 전쟁이 있기 전에《북리집》《섬궁뇌창록》등을 지었다고 하나 전하지 않은 관계로 그의 첫 저서가《학산초담》이다. 교산이 시를 고르는 안목이 뛰어났음은 김만중이 "그가 시를 고르는 안목은 마땅히 근대의 으뜸이다"라고 평론집《서포만필》에서 택당 이식이 자기의 아들에게 이른 말을 인용하였다. 이덕무도 그의 저서《청장관전서 靑莊館全書》제51권 이목구심서에서 다음과 같이 칭찬하였다.

허단보의 부부집(覆瓿集)의 간독(簡牘)들은 아름답고도 기이해서 즐겨 읽을 말한 것으로 우리나라에는 드물게 있는 것이다.…우리나라 사람들은 신라, 고려 이후로 견문에 제약을 받아서 비록 뛰어난 인재가 있더라도 단지 한결같이 옛사람의 글을 답습하기만 해서 문장가라고 이를 만한 사람을 전혀 볼 수가 없다. 그런 중에서 유독 허단보(端甫는 균의 字)가 새로운 의론을 내어서 서위, 원굉도의 무리와 같으니 기이한 일이다.

교산 자신도 주변의 평가에 스스로 자랑스러워했는데, 이와 같이 뛰어난 그가 남과 달랐던 점은 시에 대한 분명한 태도였다. 그것은 조선조 초기의 시론이 교화와 목민 및 사무사(思無邪)를 내세웠고 나아가 목적시로 바뀌었으나 교산은 순수시 자체를 강조하였다. 교산은 1593년 낙산사에 머물면서 두보의 시를 공부하고 이듬해 2월 29일 문과에 응시하여 급제를 했으나 모친상을 당해 강릉으로 다시 내려왔다. 1596년 교산은 강릉부사였던 정구와 함께《강릉지》, 1601년 봄에는《태각지》를 엮었다. 현재《강릉지》는 전하지 않으나 강릉의 향토지《임영지》보다 앞서 출간된 것으로 보인다. 그의 편지글에 보면 강릉지를 기록하는데 있어 일상적인 언어를 사용했음을 알 수 있다.

강릉지에서는 의당 빼버려야 할 것과 혹 보충시켜야 할 것이 있을 터이니…무릇 사실을 기록하는 데는 핵심이 되는 것만을 적되 너무 소략하지 않게 하고 자세히 적더라도 거짓없이 해 놓아야만 후세에까지 전할 수 있는 것입니다. 그런데 이 책은 비루한 속어에서 나왔고 또 나는 역사를 기록하는 재능이 부족한 데다가 젊은 날에 망령된 견해로 해 놓은 것이 어떻게 남의 안목에 부합될 수 있겠습니까? 그러나 더 깊이 생각해 보면 이전 것보다 나은 점이 있기 때문입니다. 〈정한강에게 보냄,1601년 3월〉

교산은 1603년 8월에 벼슬이 떨어져 금강산을 구경하고 다시 강릉으로 내려왔으며 부사 유인길과 사귀었다. 교산의 금강산 기행은 〈동정부〉라는 이름으로 전하는데 창작연대는 1603년이며 그의 나이 35세 때다. 벼슬에서 물러나 강릉의 외가로 가서 조카의 영접도 받고, 선영에 성묘하는 내용이 들어있다. 교산은 강릉 부사였던 유인길이 떠나면서 준 선물로 초당에 서재를 만들어 선비들에게 제공하기도 했다. 당시에 경포근처에 호서장서각 서재를 열고 쓴 글은 다음과 같다.

유인실이 이 고을에 부임하여(1601~1604년 재임) 청렴하면서도 어진 행정을 하였기에, 백성들이 친어버이처럼 떠받들었다. 일찍이 학문 일으키는 것을 자기의 맡은 일로 삼아 가르치고 권장하기를 조금도 게을리 하지 않았기에, 선비들 가운데 분발하는 자들이 많았다. 그가 기한이 차서 돌아갈 때에 명삼(明蔘) 서른 두 냥을 나에게 넘겨주며 말했다. "이것은 공물로 바치고 남은 것이라오. 돌아가는 길에 짐꾸러미를 번거롭지 않게 하려고 드리는 것이니, 그대의 약용에나 보태 쓰시오" 나는 "감히 사사롭게 쓸 수는 없으니, 이 고을의 학자들과 함께 쓰고 싶소"하고 상자에 넣어 가지고 서울로 돌아왔다. 마침 중국으로 가는 사신 일행이 있어 그것으로써 사서·육경, 성리대전·춘추좌씨전·국어·사기·문선, 이백·두보·한유·구양수의 문집, 사류, 통감 등의 책을 북경 시장에서 구해 가지고 돌아오게 했다. 이를 노새에 실어 강릉 향교에 보냈더니, 향교의 선비들은 그 의논에 끼이지 않았었다고 사양하기만 했다. 그래서 내가 경포의 별장으로 나아가 누각 하나를 비우고서, 이 책들을 간직하였다. 고을의 선비들이 만약 빌려 읽고 싶으면 나아가 읽게 하고 마치면 도로 간직케 하기를, 마치 이공택의 산방처럼 하였다. 이로써 유 부사가 학문을 일으키고 인재를 양성하려던 뜻을 이룰 수 있기를 바란다. 나는 세상 여론에 거리낌을 입어 관운이 더욱 삭막해지니, 장차 인끈을 내던지고, 동쪽 고향으로 돌아가서 만 권 책 속에 좀 벌레나 되어 남은 생애를 마치고자 한다. 이 책을 지니게 되어 늙은 나에게 즐길 만한 밑천이 되니 기뻐할 뿐이다. 여러 선비들이 이 책들을 갑에 넣어 좀약을 치고 햇볕을 쬐어 잃어버리거나 훼손되는 지경에 이르지 않게 한다면, 운기를 보고 점치는 자가 반드시, "하슬라의 옛터에 무지개 빛이 일어 하늘에 빛나고 달을 찌르니, 틀림없이 기이한 책이 그 아래 있을 것이다."라고 말할 것이다. 삼가 기록한다.〈호서장서각기〉

교산은 1604년 7월에 성균관 전적이 되어 상경하고 다시 9월에 수안군수가 되었다. 그는 바쁜 가운데에서도 1605년에 작은 형의 문집인 《하곡집》을 엮어 출간했고, 1607년 《국조시산》을 엮었고, 1608년 4월에는 《난설헌집》도 간행했다. 교산은 1610년 11월 시험의 대독관이 되었으나 조카와 조카사위를 급제시켰다는 혐의로 탄핵을 받아 42일간 의금부에 갇혔다가 12월에 귀양을 갔다. 그러나 그는 감옥에 있는 동안 무료함을 달래기 위해 《성옹지소록》이라는 책을 엮어냈다. 이것은 자신이 듣고 본 194개의 이야기를 기록한 책이다.

그는 이듬해 유배지인 전라도 함열에 도착하여 4월 23일 문집 《성소부부고》 64권을 엮었다. 그는 이곳에서 도연명·이태백·소동파의 초상화를 숙소 북쪽 창가에 걸어놓고 자신의 집을 '사우재'라 명명하였다. 이른바 자신까지 포함하여 네 명의 벗이 함께 거처한다는 생각만으로도 행복할 수 있었던 것이다. 이곳에서 《성소부부고》를 엮기 전에 바닷가를 거닐면서 우리나라의 여러 가지 음식에 대하여 자신이 맛본 경험을 살려 《도문대작》이라는 글을 지었다. 책명은 '푸줏간 앞에서 입맛을 다신다'는 표현으로 지역의 명물을 일목요연하게 보여준다. 다음에 역대 시인들의 이야기를 통시적으로 기록한 《성수시화》를 지었다.

마지막으로 득세와 파국기(46세~50세)를 보면 "벼슬할 뜻은 식은 재처럼 싸늘해지고, 세상맛은 씀바귀처럼 쓰기에, 조용히 사는 즐거움이 벼슬살이보다 나으니"〈석주에게 준 글〉처럼 그의 뜻은 성취되지 않았다. 1612년 8월 9일 교산의 큰 형 허성이 죽었다. 12월에 교산은 진주사가 되었으나 이튿날 갈리게 되어 의기소침해진 차 이듬해 호남지방을 떠돌아 다녔다. 벼슬은 예조참의가 되었으나 반대 상소로 이틀만에 갈리게 되고, 다시 1614년 2월 15일 호조참의, 여름에는 천추사가 되어 중국을 다녀왔다.

이후 차츰 벼슬길이 승차되어 1615년 2월 14일 승문원 부제조, 5월 15일 문신정시에서 일등을 하고 22일에 동부승지가 된다. 종2품 가선대부, 정2품 가정대부, 동지겸진주부사로 중국에 다녀와 1616년 5월 11일 정2품의 형조판서에 올라 순탄하게 지냈다. 이해 10월 8일 형조판서에서 파직되었다가 이듬해인 1617년 12월 정2품 좌참찬에 다시 올랐다. 이틀후인 14일 교산의 제자인 기준격이 교산의 혁명 계획을 고발하는 상소를 올리고, 26일 기준격이 다소 상소를 올리자 27일 교산도 비밀소를 올렸다.

기준격의 상소에는 "(교산은)혁명에 성공한 뒤 인목대비를 정부로 삼고 정권을 장악하겠다"고 했다고 하며, 그의 혁명준비에 가담했던 황정필은 "균이 처음에는 의창군을 추대하려다가 나중에 스스로 왕이 되려 했다"고 자백했으나 믿기 어렵다.

교산과 관련된 당시의 급박했던 상황을 조선왕조실록 광해9년 (1617)조는 무려 33건이나 언급하고 있으며, 광해 10년(1618)조에는 무려 185건이나 등재되어 있다. 이렇게 서로간의 상소로 논쟁이 가속화되고 1618년 4월 29일 사헌부와 사간원에서 교산을 역적으로 치부하는 계를 올렸으며, 8월 10일 남대문에 백성을 선동하는 글을 붙인 하인준이 잡혀가고 17일 교산도 기준격과 함께 옥중에 갇혔다.

22일 급박하게 광해군은 교산을 국문하였다. 이이첨은 광해군을 다그쳐 교산의 처형을 서두르게 했는데, 결안도 없이 8월 24일 그의 심복들과 함께 서시(西市)에서 처행되었다. 교산은 이이첨의 흉계에 속은 것을 알고 마지막으로 "할 말이 있다"고 외쳤으나 심문관들은 외면하고 결국 하인준·현응민·우경방·김윤황과 함께 역적이라는 죄명으로 즉시 처형당했다. 그러나 교산은 결안의 판결문에 승복하지 않았는데 억지로 서명을 하게 하고 '역적 교산'이라는 팻말을 단 채 저자 거리에서 죽은 채 매달렸다. 《광해군일기》10년 8월 경진조에는 마지막 상황을 기록하였다.

이때 이이첨과 한찬남의 무리들은, 교산과 김개 두 역적을 다시 국문하여 사실대로 일러바치면 그네들의 앞 뒤 흉모가 남김없이 다시 드러나 역적의 율에 걸릴까 두려워했다. 그리하여 남몰래 그들이 심복을 시켜 교산과 김개에게 "잠깐만 참으면 끝내 면할 수가 있으며, 또 지금 교산의 딸이 후궁으로 뽑혀 들어가서 그녀가 잘 보호하여 다른 걱정이 없을 것이다"며 온갖 방법으로 꾀었다. 그런데 그 계책은 실로 교산과 김개를 급히 죽여 입을 틀어막기 위한 것이다. (중략) 이이첨의 무리들이 교산을 급히 끌어내게 하였다. 교산이 끌려 나오면서 비로소 깨달아 크게 부르짖기를 "할 말이 있다"고 했으나 국청에 있던 모든 사람들이 못들은 체하고 임금도 어쩔 수 없어 하는 대로 내 버려두었다.

교산의 옥사에 연좌된 가족 중 부모·형제는 오래 전에 죽었으므로 벗어났고, 첫째 부인 김씨도 임진왜란 때 사망하여 해당되지 않았다. 다만 둘째 부인 김효원의 딸 선산 김씨가 있었으나 행적은 알려지지 않고, 첫딸의 남편 이사성은 교산과 관련되어 고문 끝에 귀양을 갔다. 둘째딸은 광해군의 후궁으로 간택되었으나 파한 기록이 있으며, 교산의 세 명 첩인 성옥·옥매·추섬도 잡혀서 고문을 당했다.《광해군일기》에는 서자로 돌한이 있다고 했으며, 큰형 허성의 아들인 허실과 허부, 둘째형 허봉의 아들 허친도 연좌율에 걸려서 귀양을 갔다. 이상에서 교산의 생애를 성장기부터 파직·서행기, 왕성한 문학활동기, 득세·파국기까지 네 단계로 살펴보았다.

교산의 문학을 단적으로 언급한 것은 중국의 명나라 사신으로 왔던 문인 주지번이다.《성소부부고》서문에 기록하길 "그의 문장은 활달하고 여유가 있으면서도 아름답고 밝아 명나라 왕세정의 만년의 작품과 같고, 그의 시는 끝까지 꿰뚫었으면서도 어휘가 풍부하고 화려하여 명나라 변공의 청치가 있다"고 하였다. ㅍ허균의 문학사상을 본질론, 시론으로 나누어 설명하면 첫째로 허균문학의 본질론은 성정론(性情論)과 주기론(主氣論)으로 집약된다. 조선전기의 문학관은 재도적(載道的) 문학관이 주류를 이뤘다. 그것은 성리학의 영향이었는데 문학은 풍속의 교화나 성정의 순화라는 효용본적 입장에서 가치가 인정되었다. 이른바 재도지기(載

道之器), 관도지기(貫道之器)로서 도학을 떠나서 존재할 수 없다는 것이다. 그러나 조선 중기이후 사변적 성리학의 경향에 따른 문학관은 인간의 감정과 현실을 중시하게 되었으며 허균의 문학관은 이에 합당하였다.

그의 성정론은 성(性)을 배제한 정(情)의 의미로만 쓰였다고 할 수 있다. 사물의 이치나 사상보다는 인간의 정서나 감정을 그대로 표현하는 것이 시의 본질이라는 것이다. 정을 중심으로 한 문학관은 그가 살아온 삶의 태도에서도 드러나는데 남녀의 정욕(情欲)은 하늘이기 때문에 "천품의 본성은 감히 어길 수 없다"고 하였다. 이러한 그의 생각은 문학을 공리적이고 효용적인 입장에서 나아가 개성적이고 예술적인 차원으로 인간본연의 성정, 즉 정감을 중시한 태도라고 하겠다. 시의 조화성에 대해서는 '천기(天機)'와 '현조(玄造)'라는 말로 표현하여 "시란 별취가 있는 것이지, 이로(理路)에 관계된 것이 아니다"고 하였다.

이것은 주기론의 태도로 볼 수 있다. 기(氣)의 전통적 개념은 인간의 선천적인 개성을 뜻한다. 이는 문학작품에서 작품의 생명력이나 활력을 주는 개성이라고 볼 수 있는데, 작가의 자질인 재기(才氣)와 작품의 기세로서 어기(語氣)라고도 표현된다. 허균은 후천적 노력과 환경에 의한 개인의 체험을 문학정신의 근간으로 삼았다. 서포 김만중이 말한 것처럼 허균은 '시를 아는 인물'이라는 칭찬을 들을 만했는데 시변에서 "먼저 의(意)를 세우고 다음은 어(語)를 명하는데 이르면 구(句)는 살아나고 자(字)는 원활하게 되면 음(音)은 잘 울리고 절(節)은 긴요하게 된다"고 한 것은 오늘날에도 통하는 비평적인 견해라고 볼 수 있다. "문장은 부귀영요에 있지 않고 험난함을 겪고 강산의 도움을 얻은 연후에 신묘한 경지에 들 수 있다."고 했는데 선천적인 기를 작가의 개성으로 파악하고 이를 후천적 노력과 환경에 의한 체험으로 변화하는 개념으로 본 것은 주기론적 태도에서 비롯된다.

둘째로 교산은 스스로 천사백수 시를 썼다고 했는데, 그의 시론은 정감, 흥취, 개성, 체험을 근간으로 한다. 허균은 문학을 정감의 표출로 보고 있다. 그가 《시경》 삼백편중 국풍을 가장 훌륭하다고 평가한 것도 인간의 감정과 삶의 진실한 모습이 진술하게 표현되었기 때문이었다. 교산은 정감주의(情感主義) 문학을 이상적인 것으로 꼽았다. "문이란 상하의 정을 통하게 하는 것"이라고 말하고, "사(辭)는 다 했어도 뜻은 이어지는 데 있고 가까운 것을 가리키면서도 취지는 먼 데 있는 시"를 강조하였다. 아울러 이치를 따지지 말고 별도의 함축된 취지가 있어야 한다고 말했다.

이러한 그의 시론은 당시 재도적(載道的) 문학론에 반기를 들고 인간의 진솔한 정을 있는 그대로 표현하되 함축적이어야 하고, 흥취를 살려서 교감할 수 있는 정서적 효용성을 가진 것을 강조했다고 볼 수 있다. 그의 시에는 저항정신과 자조적 모습, 더 나아가 현실도피적인 감성도 들어있다. 교산은 시에 있어 개성을 중시했는데 창의(創意)에 의한 개성적 문학을 갈구하였다. "나는 나의 시가 당시나 송시와 유사해질까 두려워하며 남들이 허균의 시라고 말하는 것을 듣고 싶다"(성소부부고 권21, 與李蓀谷)고 말했으며, 문설에서는 "내가 원하는 바는 답습하지 않고 일가를 이루는 것을 배우는 것이요, 남의 집 아래에다 또 하나의 집을 짓는 따위 도습하고 표절하여 그것을 따서 썼다는 꾸지람을 받을까 부끄러워하는 것이다."하였다. 교산은 시가 정감과 개성이 담긴 글이어야 하며 그것의 기초가 되는 것은 작가 개인의 현실 체험이다. 기묘한 경지의 문학은 현실을 떠난 관념적 허구가 아니라 삶의 험난한 경험을 통한 진실에서 비롯된다는 것이다.

"근대의 관각시(館閣詩)에서는 이아계(李鵝溪)가 으뜸이다. 그의 시가 초년부터 당을 법받았으나 늙으막에 평양에 귀양가서 비로소 심오한 경지에 이르렀다. 고재봉(高霽峰)의 시 또한 벼슬을 내놓고 한거하는 가운데 크게 진보된 것을 볼 수 있다."(성수시화)고 한 것으로 알 수 있다. 훌륭한 시작품을 위해서는 험난한 체험과 노력을 강조하였다. 아울러 문학적 표현에서 "글은 뜻을 통하면 된다"고 강조하고 당대의 일상어로 써야 한다고 말하였음은 기억해야 마땅하다.

허균의 종교사상이 무엇이라고 정확하게 설명하기란 어려운 일이다. 종교사상은 그 자체로도 심오할 뿐 아니라, 사실 단편적으로 살펴도 허균이 지녔던 종교사상의 폭이 넓고 깊다. 교산은 조선조의 유학도로 출발하였다. 따라서 불교나 도교를 이단시할 수밖에 없었으나, 허균은 유불도와 서학에 나름대로 지식을 갖추고 있었다., 이에 따라 소위 이단이라고 취급하던 불교와 도교·민속신앙에 대하여 관심을 가졌다. 그의 종교적 편력은 소위 이단(異端)으로부터 출발하였다고 해도 과언이 아니며 동시에 고루했던 당시의 종교적 범주를 벗어나 능히 이단을 포용하는 자세로 문화창조의 선구자적 위치를 점할 수 있었다.

교산은 당시 유학의 터전에서 자라 우리 유학의 맥통을 먼저 갖출 것을 주장했으면서도 정통유학에서는 이단자로 몰렸다. 그런가 하면 자신의 목에 염주를 걸고 날마다 부처를 섬기는 자칭 불제자가 되었으며, 불자임을 부정하기도 했다. 또한 선교와 천주학의 세계에 드나들면서 폭넓은 종교사상을 소유하게 되었다. 말하자면 허균은 실학의 싹을 틔웠으며, 이단에 심취한 이상주의자며,

반봉건적 사상가라고 해도 무방할 것이다.

유학은 허균사상의 기초다. 유교집안에서 태어난 그에게 당시 사회에서 통용된 유학사상이 중심임을 부인할 수는 없다. 그래서 유학을 '우리의 학문' '우리의 가르침'이라고 표현하였으며, 사명당 비문에서도 "유가의 무리"라고 스스로 평하고 있다. 그가 스스로 밝힌 것 뿐 아니라 행적에서도 유교도임을 증명하기가 어렵지 않다. 다만 교산이 생각한 유교는 지나치게 고답적인 것이 아니라 현실적인 정치사상으로서의 유교를 중시하였다. 그러므로 유교도로서 반유교적 행동과 학문태도를 견지했다고 생각된다. 교산의 불교에 대한 관심은 불경을 좋아하는 등 학문적인 동기에서 출발한 것으로 보이는데 선문답을 일삼거나 낙산사에서 사명당과 사귐도 그러할 것이다. 또한 동양사상에 대한 높은 관심과 탐구욕에서 비롯되었을 것이며, 동시에 속세에 대한 반발감도 불교를 접한 이유가 될 듯하다. 그가 〈임자승에게 보낸 글〉을 보면 다음과 같다.

나는 불교를 믿지는 않네. 그 글을 좋아하여 읽으면서 한가한 시간을 메울 뿐이네. 몇 천호 정도의 고을을 얻고자 해도 얻지 못하는데, 부처가 되기를 도모한단 말인가. 이건 전혀 그렇지 않네. 그러나 권력에 아부하여 떠들어대기만 잘하는 무식배에 비한다면 사실 조금은 우월하다고 하겠네.(성소부부고 21권, 경자년 5월)

교산이 삼척부사로 있었을 때 불교도라 하여 지탄을 받았는데 당시의 경위를 상소에는 다음과 같이 쓰고 있다.

삼척부사 허균은 유가의 아들입니다. 그런데도 그의 아비와 형을 배반하여 불교를 믿고 불경을 외웁니다. 평소에는 중 옷을 입고 부처에게 절하였으며, 수령이 되어서는 재를 올리고 중들을 먹이면서 여러 사람이 보는 데도 전혀 부끄러워할 줄을 모릅니다.

다소 과장이 있을 것이지만 삼척부사에서 13일 만에 파직되고 난 후에 〈문파관작〉 시를 써서 "오랫동안 불교를 읽은 것은 마음이 머무를 곳 없음이라"고 하였으며 〈산으로 돌아가는 중 해안을 전송한 서〉에는 "해안은 불교인이요 나 역시 불교를 좋아한다."고 말하고 있다. 초기에 허균은 유교의 성리설을 바탕으로 불교를 비판하였다. 당시로서는 지극히 당연한 것이지만 30대에 들어 차츰 유교와 불교를 학문적으로 접근하였다. 〈이나옹을 산으로 부내면서 주는 글〉을 보면, "이른바 불교의 책은 성품과 마음을 논하는

데에서 비록 이치에 가깝다고는 하나 진실로 우리의 유교와는 모든 것이 서로 반대된다"고 말하고, "아마도 유교는 근본을 하늘에 두고, 불교는 자기 마음에 둔 까닭인가 한다."고 나름의 견해를 피력하였다.

〈최분음에게 보낸 편지〉에서 "배운 바 성리설과 불교의 마음에 관한 설을 비교해 보았습니다. 같고 다른 견해와 그 거짓됨과 참됨이 서로 한계 됨을 애써 따져 변석하고 논변하니 스스로 얻은 바가 있었습니다"라고 하였다. 교산이 내면적으로 품었던 불교관은 〈산구게〉(山狗偈)에서 엿볼 수 있으며 도교의 중심인 노자와 장자를 중히 여겨 학구적인 태도로 접근했으나 차츰 오래 사는 법과 신선사상, 은둔사상에도 애착을 가졌다. 그는 단학(丹學)과 양생(養生)을 중요하게 여겨 임노인의 양생에 대하여 양생을 실천한 임세속이라는 실존인물을 통해 그것을 증명하려고 하였으며 남궁 두의 전기 〈남궁선생전〉에서 양생과 함께 신선술을 보여주었다.

그가 신선사상을 흠모한 것은 이상세계를 동경한 것으로 생각되는데, 실제로는 혼탁한 세상에 어울리면서도 《한정록》에서 처럼 세상을 버리고 속세를 떠난 선비들의 은둔의 멋을 그리워했다. 간간이 그의 글에 나오는 말이 자연과 함께 벗하고 싶다는 것이며, 〈사우재〉라는 글에서 도연명·이태백·소동파 등 도가사상을 시로 형상화한 그들과 자신을 포함하여 '네 벗'이라고 칭하고 이들의 화상을 화가 이정에게 그리게 하고 사우재 글씨를 한석봉에게 청하여 집에다 걸어두었다. 이처럼 은둔하여 유유자적하는 신선의 삶을 도교를 통해 접하고자 했다.

교산은 장자를 읽고 나서 "내가 어렸을 때 장자의 글을 읽고 그 뜻은 알지 못하고, 단지 글귀만 뽑아 글짓는 법으로 삼았다. 중년에 다시 읽었더니 그 탁월하고 황홀함이 헤아릴 수 없을 정도라 진실로 그 우언을 좋아하였고, 죽고 사는 것도 한결같고 얻고 잃음도 매한가지라는 뜻을 나타낸 것은 귀중하다. 이제 다시 읽어보니, 그 사물을 탐내는 생각이 없음과 적적하고 막막함과 맑고 고요함과 무위는 은연중에 불교와 부합된다"고 하였다. 따라서 도교를 단순한 심신수양의 차원으로 이해한 것이 아니라 인생수양의 학문으로 삼았다고 하겠다.

교산은 외교관으로 수차례 중국을 다녀오면서 천주교와 서양 문물을 맨 처음 소개하였다. 유몽인의 《어우야담》에는 "허균이 중국에 가서 그들의 지도와 게십이장을 얻어왔다."고 하였다. 이수광은 《지봉유설》에서 "허균은 총명하고 문장에 능했다. 이 때문에 부박한 데로 흘러갔고, 그의 글 때문에 그의 문도가 된 자들이 하늘의 학설을 외쳤는데, 실은 서쪽 땅의 학이었다"고 하여 허균이 천주교를 소개했다는 것이다. 이익도《성호사설》에서 "허균이 중국에 가서 그들의 지도와 게십이장을 얻어왔다"고 하였으며 안정복도《순암집》에서 "서양의 책이 선조 말년에 동쪽으로 왔는데, 이름난 벼슬아치나 큰 선비들이 보지 않는 사람이 없다.…우리나라에는 허균이 있다'고 했던 것이다. 박지원도《연암집》에서 허균이 중국에 사신으로 가서 게십이장을 얻어왔다고 하고, 이규경도《택당집》을 인용하여 허균이 처음 천주교 책을 얻어 가지고 왔다고 한 것으로 미루어보면 1614년과 15년 중국에 두 차례 사신으로 갔을 때 가져온 것으로 추정된다. 당시 그는 만 오천 냥쯤 되는 은을 가지고 가서 사천 권쯤을 사가지고 왔다. 마지막 중국사신으로 갔던 기록인《을병조천록》우음(遇吟)이라는 시에 '지시천공임거유(只恃天公任去留:단지 천공을 믿으며 죽고 삶을 맡기겠노라)'라고 하였다.

교산은 민속종교에도 관심을 가졌지만 이것을 부정하지는 않았다. 〈가림신을 꾸짖다〉에서는 사직의 신과 성황당의 신을 인정하고 저마다 맡은 역할이 있다고 하였다. 또한 정동에서 양양으로 옮겨진 〈중수 동해용왕신비〉에 대하여 글을 쓰면서 용왕신의 존재를 인정하고 있으며, 〈대령산신찬병서〉에서는 김유신이 대관

령 산신이 되었다는 산신신앙에 대한 글을 쓰기도 하였다. 교산은 귀신이나 저승세계, 점복, 무당을 믿지는 않았지만 흥미롭게 바라보고 서술하였다. 〈장산인전〉에서는 점장이 이화를 등장시키고, 〈홍길동전〉에서는 둔갑술을 이야기하고, 요괴를 등장시키고 있으며 〈의금부감옥의 처녀귀신〉, 〈저승에 잡혀갔다 돌아온 주흘옹 이야기〉를 자세히 적어놓았다. 함산은 지금의 전북 함열로서 이곳에 귀양 갔을 때 쓴 〈가림신을 꾸짖다〉를 통해 그의 민속종교관을 엿볼 수 있다.

교산의 정치 및 사회사상은 민본과 민권사상이 핵심이라고 할 때 그 내용은 〈호민론〉과 〈유재론〉으로 크게 정리할 수 있다. 이외에도 〈정론〉〈관론〉〈병론〉〈소인론〉〈후록론〉 등으로 이어지는데, '논'은 어떤 정책에 대하여 이론을 제시하는 글이므로 허균의 생각이 잘 드러나 있다. 그의 논은 다른 어느 누구도 감히 흉내낼수 없을 정도로 참신하고 혁명적인 것들이다. 그 가운데 〈호민론(豪民論)〉은 허균의 사회적인 관심이 잘 드러난 글이다.

무릇 이루어진 일이나 함께 기뻐하면서 늘 보이는 것에 얽매인 자, 시키는 대로 법을 받들고 윗사람에게 부림받는 자는 항민(恒民)이다. 이들 항민은 두려워할 만한 존재가 아니다. 모질게 착취당하여서 살이

발겨지고 뼈가 뒤틀리며, 집에 들어온 것과 논밭에서 난 것을 다 가져다 끝없는 요구에 바치면서도, 걱정하고 탄식하되 중얼중얼 윗사람을 원망이나 하는 자는 원민(怨民)이다. 이들 원민도 반드시 두려운 존재는 아니다. 자기의 모습을 푸줏간에 감추고 남모르게 딴 마음을 품고서 세상 돌아가는 것을 엿보다가, 때를 만나면 자기의 소원을 풀어보려는 자가 호민(豪民)이다. 이들 호민이야 말로 크게 두려운 존재다. 호민은 나라의 틈을 엿보다가 일이 이루어질 만한 때를 노려서, 팔뚝을 걷어붙이고 밭이랑 위에서 한차례 크게 소리를 외친다. 그러면 저 원민들이 소리만 듣고도 모여드는데, 함께 의논하지 않았어도 그들과 같은 소리를 외친다. 항민들도 또한 살길을 찾아, 어쩔 수 없이 호미자루와 창자루를 들고 따라와서 무도한 놈을 죽인다.-성소부부고 11권

교산은 백성을 항민 · 원민 · 호민으로 나누었다. 그는 당시의 시대적 정황으로 미루어, 날로 늘어나는 원민들로 인해 민초의 원성이 높아만 가는 것을 보면서, 끝없이 가렴주구만을 일삼는 부패한 관리의 척결을 기대했을 것이다. 호민의 형상화된 인물이 홍길동이라고 생각을 해 볼 수 있는 것은 구체적으로 개혁을 외치고, 원민과 항민을 규합하여 이상국가를 실현하기를 꿈꾸었다는 점이다. 교산은 일찍이 '민'의 개념을 '군(君)'과 대칭인 '백성'으로 상정

하고 사농공상의 4민 개념에서 벗어나 원민과 항민, 호민이라는 평등적 개념으로 파악했다. 그의 평등한 백성관은 〈홍길동전〉과 다섯 편의 전 뿐 아니라 〈대힐자〉라는 글에서 친구 사귀는 도리를 언급한 것처럼 여러 글에서 일관되게 나타난다.

그의 민본사상이 뚜렷이 부각되는 글이 또한 〈유재론(遺才論)〉이다. 이것은 '인재를 버린다'는 말이다. 인재가 없는 것이 아니라 인재의 등용에 있어서 능력주의와 공정주의가 요체라는 것이다. 조선조의 과거제도와 문벌의 병폐를 척결해야만 어진 인재가 등용될 것이며, 비천한 집안의 출신이라 해서 품성이 모자라는 것이 아니기에 널리 인재를 모아야 한다는 것이다. 여기서 그의 서얼차별에 대한 강한 제동과 평등사상이 노정된다. 그는 하늘에서 사람을 냈는데, 사람 스스로 그것을 버리는 것은 하늘을 거역하는 일이라고 갈파하고 있다.

이것은 〈홍길동전〉에서 하늘이 사람을 냈지만 인간적 존엄성을 상실한 사람들의 원한이 사무친 것을 하늘의 원리로 돌렸다. 훌륭한 아비를 두었으나 어미가 천하다하여 아버지를 아버지라 부르지 못하고 형을 형이라 부르지 못하여 호부호형(呼父呼兄)마저 차단하는 사회적 불평등은, 소설상 홍길동이 가출하여 활빈당을 만드는 원인이 되는데, 실제로 1500년 실존 홍길동 사건과 종실 서자 이몽학의 난(1604)이나 박응서·서양갑·심우영 등 고관의 서자들로 모인 여강칠우의 사건 등으로 구체화되었다. 유재론의 글이다.

하늘이 재주를 고르게 주었는데 이것을 문벌과 과거로써 제한하니, 인재가 모자라 늘 걱정하는 것도 당연하다. 예로부터 지금까지 이 넓은 세상에서, 첩이 낳은 아들이라고 하여 어진 사람을 버리고 어미가 다시 시집을 갔다하여, 그 아들의 재주를 쓰지 않는다는 말을 듣지 못했다.…그런데 도리어 그 길을 막고는 '인재가 없다. 인재가 없어'라고 탄식만 한다.-성소부부고 권 11

교산이 제시한 혁신적 정치·사회사상 제시한 논(論)에는 학론(學論), 정론(政論), 관론(官論), 병론(兵論), 유재론(遺才論), 후록론(厚祿論), 소인론(小人論) 등이 있다.〈학론〉에서는 임금의 바른 마음을 강조하였고〈정론〉에서는 임금과 신하의 관계설정을 말하였다.〈관론〉에서는 제도적인 것과 관원의 감축을,〈병론〉에서는 군제의 현실에 비판을 가하고 있는데 이것은 백성의 입장에서 당시 정치와 사회를 바라본 것이다. 또한〈후록론〉과〈소인론〉등에서는 인재를 선발하고 대우하는 정치와 사회제도에 대하여 내정

개혁적 차원에서 세심하게 충언을 하고 있다. 공직자의 부정을 막기 위해서는 공무원들에게 생활보장을 해주어야 하며, 벼슬아치를 줄여 관직이 헤프지 않아야 훌륭한 인재가 제 능력을 발휘할 수 있는 것이다. 아울러 믿을 만한 군사를 길러야 백성은 편안하게 생업에 종사할 수 있는 것이다. 병자호란을 예측한 허균은, 지리적으로 불리한 여건에 놓여있는 우리에게 국방정책의 소홀함이 잠시라도 허용되어서는 아니 될 것으로 판단하여 나름의 대책을 마련한 것이다. 조선시대 한글로 쓴 최초의 소설 〈홍길동전〉을 허균이 지었다고 말한 것은 택당 이식이다. 그 글을 인용하면 다음과 같다.

세상에 전하기를 수호전을 지은 사람은 그 후손이 삼 대에 걸쳐 귀머거리가 되어 응보를 입었는데, 그것은 그 책에서 도적들을 높였기 때문이라고 한다. 허균·박엽 등은 그 책을 좋아해서 그 속에 나오는 적장들의 이름으로 자신들의 별명을 삼고 서로 부르면서 희롱하기도 하였다. 허균은 또 홍길동전을 지어 수호전에 견주었다. 그의 무리인 서양갑·심우영 등은 몸소 수호전의 일을 행하다가 한 줌의 재가 되었고, 허균 자신도 반역을 하다가 죽었다. 이것은 귀머거리가 된 응보보다 더 심한 것이다. -이식《택당집》권15, 잡저

〈홍길동전〉은 유형적인 측면에서 일대기 소설로 전기적 유형, 영웅의 일생이라는 구조를 지니고 있다. 내용상 사회의식이 반영되어 있으며, 진보적 성향과 현실주의적 경향을 나타내고 있다는 점에서 조선 후기의 서민문학으로 이행을 가능케 했다. 소설의 전개를 단계적으로 살펴보면 먼저 가정적으로 서자로서의 천대에서 출발하여 활빈당의 의적행위, 병조판서 제수, 해외진출 및 이상국가 건설로 마무리되는 것은 가정에서 사회로, 그리고 국가에서 해외로 확대지향적 전개 양상을 취하고 있다.

그것은 교산의 의지가 반영된 것으로 짐작된다. 그가 〈유재론〉에서 인재를 버리지 말라고 따지면서 인재등용의 문제와 서얼에 대한 차별대우를 통박한 것이라든지, 〈병론〉에서 믿을 만한 군사를 기를 것을 강조하고, 〈호민론〉에서 두려워할 자는 백성뿐임을 설파한 것은 〈홍길동전〉의 이면적 주제와 조응된다.

〈홍길동전〉의 주제는 연구자에 따라 다각적으로 보고 있지만 대체로 적서차별문제, 지배층의 억압에 대한 민중의 위력을 보여준 작품, 왕도정치의 실현, 이상국가 건설 등을 열망한 것 등으로 본다. 택당은 〈수호전〉을 본받았다고 했는데, 희가설을 많이 읽은 허균이 어디에서나 〈수호전〉에 대하여는 한마디도 언급하지 않은 것이 의문이다. 허균이 소설류에 관심을 가진 것은 평소에 많은 희가설을 읽었다는 이야기에서 증명된다.

내가 수 십 종에 달하는 많은 희가설(戱家說)을 얻을 수 있었는데 그
중에서 삼국과 수당을 빼어 놓고는 별로 말할 것이 못된다. 양한은 어
긋남이 있고 제위는 옹졸하고 북송은 너무 간략하여 간사하게 속이려
고 교묘하게 꾸미고 있어 모두가 본받기에 마땅치 못하다. 한 사람의
손에 의해 지어진 것으로 볼 만한 것은 나씨의 삼국지와 서유기가 있
을 뿐이다. 이러한 것을 가끔 읽는 까닭은 졸음을 쫓기 위한 때문이다.
-성소부부고, 권13, 서유록발

이 글을 보면 교산은 가공적인 줄거리보다 사실적인 이야기에
흥미를 느꼈던 것으로 보인다. 〈홍길동전〉은 허균의 사상, 정신세
계가 반영된 것으로 근래 들어 홍길동의 오키나와 도래설이 몇몇
학자들에 의해 제기되고 있다. 설성경 교수는 1500년대 실존 홍길
동이 봉건체제에 맞서다 체포되어 유배도중 탈출하여 추종자 일
천여명을 거느리고 오키나와 최남단 하데루마섬에 정착했다고
주장했다. 그리고 오키나와의 민중영웅인 '홍가와라'가 홍길동이
라고 하였다. 이른바 율도국이 유구 즉 오키나와 섬이며 이곳에서
섬사람을 위해 항거했던 영웅으로 '홍가왕(洪家王)'이라는 것이

다. 여러 기록을 보면 우리와 오키나와는 교류가 빈번했으므로 홍길동을 흠모한 추종자들이나 그 세력이 이곳으로 집단 이주했을 가능성도 없지 않다.

교산은 1598년 정묘재란 때 항왜원조(抗倭援朝)로 조선에 왔던 명나라 사신 자어(子魚) 오명제(吳明濟)에게 모아준 332수의《조선시선(朝鮮詩選)》가운데 친필로 한시 상단에 한글 음을 적었다. 이는 한글을 직접 전파하는 계기가 되었으며, 동시에 훈민정음이라는 우리글을 지닌 문화민족임을 자랑한 것이리라. 오명제에게 준 이 시는 한글을 외국문헌에 처음 소개한 것으로서, 이후 중국 여러 문헌에도 이 시가 소개되었다. 한편의 송별시에 쓰인 이 글자는 단순히 중국에 알린 한글 40자가 아니라 최초 한글소설〈홍길동전〉을 쓴 그의 생각이 반영된 것으로 혁신적 발상이자 자존적 표현이라는 평가가 가능하다. 오언율시〈송오참군저어대형환텬조(送吳參軍子魚大兄還天朝:참군오자어대형이 중국으로 돌아가는 것을 전송하며)라는 시는 나라 글에 대한 새로운 인식을 보여준 것이다.

흔恨 흔恨 초初 샹相 식識(서로 안 것이 한스러워라)

힝行 힝行 싱生 별別 리離(살아 생이별이라 하는 것)

경驚 혼魂 디知 유有 몽夢(놀란 영혼은 꿈에 있는데)

츳此 별別 공恐 무無 긔期(이별의 기한 없어 두려워)

마馬 슈首 셔西 풍風 환換(말머리 서풍으로 바뀌었고)

운雲 단端 츄秋 안雁 비悲(구름끝 가을기러기 슬퍼라)

금수 됴朝 명明 경鏡 리裡(오늘 아침 거울 속을 보니)

청靑 빈鬢 뎡定 셩成 스絲(푸른머리 백발이 되었구려)

　　교산은 1615년 9월 6일 동지겸 진주부사로 압록강을 마지막으
로 건너며 쓴 시에는 "머리 돌려 거듭 본 것은 고향 땅 서른일곱 개
이름난 정자였네"(故鄕回首處 三十七長亭)라고 을병조천록에 기
록하였다. 교산은 스스로 뼈가 녹아버렸다(讒讒骨已銷)할 정도로
모함과 참소에 시달리면서도 조선의 개혁과 인권, 평등, 자유를
외쳤다. 마지막 형장의 울림은 4백년이 지난 오늘도 '할 말이 있
다'고 하지 않은가.

토론문: 인문주의자 허균, 그가 걸어온 길 위에서 오늘을 성찰하다

장영주프로듀서(전 KBS역사스페셜 책임PD)

발표자는 강릉 경포호 서쪽이 허균의 고향이며 예조참판을 역임한 김광철(金光轍)의 애일당에서 태어났으며 교산(蛟山)이라는 호 역시 이곳 교문암(蛟門岩)에서 가져온 것이라고 허균의 시와 글을 통해 밝히고 있다. 허균은 애일당기(愛日堂記)를 통해 이곳 애일당에서 임진년이후 그의 어머니를 모시고 살았으며 이곳에 장서각을 마련하여 중국에서 구매해온 많은 서적을 보관했다고 말하고 있다. 허균은 벼슬에서 물러나 강릉으로 와서 머물렀음은 여러 가지 사료에서 드러나고 있다.

허균의 아버지 허엽(許曄)은 서평군(西平君) 한숙창(韓叔昌)의 딸에게 장가를 들어 장남 허성(許筬)과 딸 둘을 낳았고 그 후 후처로 예조참판 김광철(金光轍)의 둘째 딸을 맞아 허봉(許篈), 허난설헌, 허균을 얻게 된다. 조선시대 중기까지 서류귀가혼(婿留歸家

婚)이 보편적이었다. 결혼하게 되면 사위가 장인의 집에서 살게 되는 것을 말하는데 자녀가 어느 정도 성장하게 되면 본가로 돌아오게 되는데, 율곡 이이가 본가인 경기도 파주가 아닌 외가인 강릉 신명화(申命和)가에서 태어나고 자란 사실이 이를 잘 말해주고 있다. 따라서 허균의 출생지는 당시 보편적인 상황에 따르면 서울 건천동의 친가가 아닌 외할아버지인 예조참판 김광철(金光轍)의 강릉 집으로 보는 것이 타당하다 할 것이다. 그러나 이에 대한 반론이 있을 수 있으므로 몇 가지 의문점에 대해 질문을 드리고자 한다.

첫째, 허균이 강릉에서 출생했을 것인가에 대해서는 다른 설이 있을 수 있는데 발표자가 강릉으로 단정하게 된 어떤 구체적인 근거가 있는가?

허균이 출생할 시기(1569)에 김광철은 이미 세상을 떠나고 없었고, 허균의 생모 강릉김씨의 첫 아들인 허봉(許篈)이 1551년생으로 허균보다 18세 위이므로, 허균의 생모는 김광철의 집에서 허봉을 낳고 18년이 지난 1569년 허균을 낳을 때까지 친정에 머물렀다고 보기는 힘들다.

또한 애일당기에 의하면 강릉의 애일당에 임진년에 도착했는데 잡목이 우거지고 집이 무너질 지경이어서 모친이 통곡을 했다고 기록하고 있지만 자신이 성장했던 곳이라 말하지는 않고 있다. 집을 수리하고 그곳에 머물게 되는데 그렇다면 허균이 24세에 강릉에 정착한 것으로 볼 수 있지 않을까? 교산이라는 호를 사용하는 것도 이후로 보는 것이 타당하리라 생각된다.

허난설헌, 허균 모두 김광철의 집에서 태어나고 자랐을 것이란 가정은 딸 아들이 돌아가며 제사하는 윤회봉사(輪回奉祀)와 재산 상속을 균등하게 받는 균분상속(均分相續)제도가 굳건하던 16세기의 상황을 살펴볼 때 가능한 추측이지만 김광철 가문에 대한 연구와 강릉지역에서 서류귀가혼의 추이에 대한 생활사 연구가 덧붙여져야 설득력을 가질 것으로 여겨진다.

둘째, 원주에서 성장하였을 가능성은 없는가?

허균은 성소부부고 '關東不可避亂說'에서 '영동과 영서는 다 내 고향(嶺東西俱吾鄕)'이라고 말하고 있다. 강릉과 영서의 어느 지역을 자신의 고향으로 여기고 있는 셈이다.

허균은 첫째 아내를 1592년 가을 임진왜란 과정에서 잃고 애통해 하면서 그녀를 급히 매장한 후 1595년 강릉 외가집 근처에 매장하게 된다. 그러나 그후 1600년에 아내를 원주서면으로 이장하게 된다. 왜 원주로 이장하게 된 것일까? 원주에는 손곡(蓀谷)이라는 지명이 현재도 남아 있다. 현재 원주시 부론면 손곡리(蓀谷

里)가 허균과 허난설헌에게 시를 가르쳤던 이달이 살던 손곡(蓀谷)이다. 허균이 죽은 아내를 이장한 원주 서면은 허균이 한때 머물렀고 공부했던 곳임은 부인하기 힘들 것이다. 이에 대한 정리도 필요할 것으로 여겨진다.

토론문: 인문주의자 허균, 그가 걸어온 길 위에서 오늘을 성찰하다

최익현(문학박사, 저널리스트, 문화평론가)

맨 처음 오늘 토론자로 나와 달라는 연구소측의 제안을 받고 많이 망설였습니다. 망설인 이유는 여러 가지가 있지만, 가장 큰 이유는 제가 '허균 비전공자'라는 점에 있지 않고, 1618년 역적 누명을 쓰고 '능지처참' 당한 쉰 살의 이 인물이 시대를 뛰어넘어 던져준 어떤 물음에 아직까지 겨자씨만한 응답도 내놓지 못하고 있다는 지적 게으름이라고 하는 게 솔직할 것 같습니다. 기꺼이 토론을 맡겠다고 한 데는, 오늘 이 자리를 빌려, 허균이 남긴 질문들을 저도 새롭게 짚어보려는 작은 반성이 작용합니다.

문향 강릉이 낳은 걸출한 문인 허균을 '인문주의' 틀에서 조명하신 장정룡 교수님의 글을 흥미롭게 읽었습니다. 장 교수님은 처절하게 스러져간 교산의 생애를 성장기(1세~24세) - 파직과 서행기(25세~39세) - 문학활동기(40세~45세) - 득세와 파국기(46세~50

세)로 구별하여 교산이 남긴 시문과 정치적 여정의 접점을 정리해 주셨습니다.

교산의 불우했던 성장기는 12세에 부친을 여읜 것, 20세에 중형 허봉의 정치적 좌절과 죽음을 목격한 것, 22세에 누이 난설헌과 사별한 것, 임진란을 맞아 피난 중에 부인과 첫아들을 잃은 것으로 정리할 수 있습니다. 이런 개인사적 비극이 교산의 내면 형성에 어떤 영향을 미쳤을 것이란 추론을 제시한 셈입니다. 그러나 허균이 이 개인사적 비극, 아비와 가형의 죽음, 그리고 전란 중 아내와 아들의 죽음 속에서 어떻게 당대 현실을 인식하게 됐는지를 좀 더 부연 설명해주셨다면 더 좋지 않았을까 생각합니다.

교산은 벼슬에 뜻을 뒀지만, 곳곳에서 '귀거래사'를 노래했습니다. 벼슬에서 물러나 자연에 귀의하겠다는 뜻을 여러 번 밝혔지만, 이것은 의례적인 것으로 보입니다. 그의 현실적 관심은 여전히 벼슬에 있었기 때문입니다. 장 교수님은 교산의 '파직'이 그의 천성이나 현실적 갈등의 결과라고 지적하면서, 중국 외교사절 서장관으로 활약한 것은 그의 뛰어난 문학성과 글재주에서 비롯된 것으로 읽어내셨습니다. 제 생각을 말씀드린다면, 파직과 서행은 분리되지 않고 서로 영향관계를 형성한다는 것입니다. 분명 교산의 천성도 한 몫 하겠지만, 그가 파직을 연거푸 반복하는 것, 그런

속에서도 중국 사신과 관계 맺는 자리에 호출되는 것은 그의 뛰어난 '재능'이 당대 정치 문인들과 불화하는 점이 있었기 때문일 것입니다.

생애사적 시기 구분에서 다소 의외로 보이는 '문학 활동기'를 따로 두신 것은 아마도 43세 되던 1611년 유배지 전라도 함열에서 그가 지은 『성수시화』, 몸소 엮은 64권의 문집 『성소부부고』의 문학적 위상 때문인 것으로 보입니다만, 이 시기 그가 유배 생활을 했다는 것 자체가 '파직'의 결과이므로, '문학 활동기'는 40세~45세로 따로 구분해내기보다 교산의 전 생애에 배정하고, 오히려 이 시기를 '파직과 서행기'의 전반기/후반기로 구분해도 좋지 않나 생각합니다. 왜냐하면 허균에게 1611년 전라도 함열 유배 생활은 이전의 정치적 좌절과 전혀 다른 체험과 인식을 가져다주기 때문입니다. 정치적으로도 허균은 이 유배 생활 이후 전혀 다른 격랑에 진입합니다.

'득세와 파국기'는 어쩌면 허균을 조명하고, 또 새롭게 이해하는 데 가장 중요한 부분일지도 모릅니다. 장 교수님은 이 무렵 허균의 내적 욕망에 주목하셨습니다. "벼슬할 뜻은 식은 재처럼 싸늘해지고, 세상맛은 씀바귀처럼 쓰기에, 조용히 사는 즐거움이 벼슬살이보다 나으니"(「석주에게 준 글」)라는 대목을 인용한 뒤, "그의 뜻은 성취되지 않았다"라고 지적하셨습니다. 이후 허균의 정치적 득세가 이어지기 때문입니다.

여기서 좀 더 우리가 고민해봐야 할 대목은, 허균의 이 '득세'의 성격 규명이 아닐까 싶은데, 1614년과 1615년 두 해를 잇달아 사신으로 중국에 다녀온 점을 놓칠 수 없습니다. 서적 수 천 권을 들여왔다는 것(이 속에는 천주교 서적도 포함될 것입니다), 세계지도와 게 12장을 가져왔던 것으로 알려져 있습니다. 이런 대중국 관계에서 발휘된 허균의 역량이 그의 후반기 득세에 영향을 미쳤음은 여러 학자들이 논증한 바와 같습니다. 그렇다면, 이런 '득세'의 성격 안에서 그의 정치적 좌절, 파국을 엿볼 수 있지 않을까 조심스레 생각해보게 됩니다.

좀 더 나아간다면, 오늘의 주제이기도 한 '허균의 인문주의'라는 관점에서 본다면, 어쩌면 교산의 몰락과 좌절은 그의 인문주의의 일시적 좌절로도 명명해볼 수 있을 것 같습니다. 그렇다면 그가 추구한 혹은 형성한 '인문주의'가 무엇인지, 이에 대한 논의가 상론돼야 하지 않을까 생각합니다. 장 교수님은 발표문 후반에서 교산의 문학 활동이 전통적인 제도적 문학관의 맥락에서 이탈한 '정감주의 문학'에 이르렀다고 지적하셨습니다. 넓은 맥락에서 본다면, 그의 정감주의 문학은, 그가 중국에서 접한 양명학 좌파 '유교반도' 이탁오의 사상과도 연결된다고 할 수 있습니다. 왕양명을 따랐던 이탁오는 도덕적 규범이나 명절보다 인간 본연의 주체적 자세를 강조했던 불운한 사상가였습니다. 교산이 중국에 사신으로 갔을 때, 전통적인 교조를 타파하자고 부르짖었던 이탁오의 책을 접했던 것이 분명합니다. 『한정록』 권 13에 이탁오의 책(『焚書』로 추정)이 한 구절 인용돼 있는 게 이 사실을 뒷받침합니다 (허경진,『허균평전』, 2002).

장 교수님은 허균의 개혁사상에도 주목하셨습니다. 『호민론』, 『유재론』, 『홍길동전』을 교차하면서, "당대에는 역적으로 남았으나 오늘날 민주화와 선진화, 민권과 인권, 자유로운 성정을 발하는 대중문학을 중시한 앞서간 지식인이자 행동하는 양심이었다." "조선의 개혁과 인권, 평등, 자유를 외쳤다"라고 평가한 것입니다.

끝으로, 허균의 인문주의를 조명하는 데 있어서 비교문화사적 접근도 필요하다고 봅니다. 허균 스스로 그의 천재를 일궈낸 것은 분명하지만, 그 역시 수많은 '텍스트'들과 대면했기 때문입니다. 허균이 이름난 '독서광'이었다는 사실, 머리가 총명해서 한 번 읽은 것은 외운다는 점 등은 그가 17세기 조선 문화사에서 매우 독특한 지적 최전선에 서 있었다는 것을 환기합니다. 그가 서얼이나 비렁뱅이, 중들과 어울렸던 것은 사실이지만, 그의 지적 네트워크

는 좀 더 엄밀하게 분석될 필요가 있습니다. '허균의 학맥'을 강조
한 한 연구자의 주장은 이점에서 흥미롭게 읽힙니다. "학맥에 대
한 관심이 뒷받침되지 않는다면 허균 사유의 기원을 논의할 때 중
요한 부분을 놓칠 가능성이 높아 보인다."라고 지적한 이 연구자
는 허균의 학맥에 대한 연구가 거의 없었던 것은 "철학적 성격의
글이 거의 없기 때문으로 보인다"라고 거듭 강조합니다(김풍기,
『독서광 허균』, 2014), 특히 「17세기 전반 북인계 지식인들의 학문
경향」 참조). 16세기 후반 사칠 논쟁을 비롯해 성리학의 중요한
성과가 쌓여가던 시기였기에 더욱 그렇습니다.

2부

개혁주의의자 허균,
미완성으로 끝난 개혁의 꿈

미완성으로 끝난 개혁의 꿈

차장섭(강원대 교수, 한국사)

난세는 영웅을 부른다. 허균의 시대는 난세였다. 대외적으로 임진왜란과 병자호란이 일어났고 대내적으로는 동서 분당을 시작으로 붕당정치가 전개되었다. 허균은 난세를 비껴있는 것이 아니라 그 중심에 있었다. 임진왜란으로 아내와 아들을 잃었다. 동서분당으로 아버지 허엽은 동인의 영수가 되었으며, 둘째 형 허봉은 서인인 이이를 탄핵하다가 경성으로 유배를 당하였다. 허균은 난세를 극복하기 위하여 혁명을 꿈꾸었다. 정치적으로 민중의 입장에서 기존의 질서를 재편성하고 모순과 부조리를 개혁하고자 하였다. 학문과 종교적인 측면에서는 유교의 교조성을 탈피하여 다른 학문과 종교가 가지는 가치를 인정하고자 하였다. 문학에서도 당시 통념을 벗어나 소설에 관심을 가지는 등 자유분방한 모습을 보여주었다. 그러나 허균의 꿈은 미완성으로 끝났다. 용이 되어 하늘로 승천하고자 하였으나 한을 품고 이무기가 되어 땅에 떨어졌다. 역적이라는 이름으로 붕당의 희생물이 되어 저 세상으로 갔다.

명문가 막내아들

허균은 1569년(선조 2) 초당 허엽의 막내아들로 태어났다. 허균이 태어난 곳은 외가인 강릉 사천의 애일당(愛日堂)이다. 애일당의 뒷산은 이무기가 누워있는 모습으로 그 지맥이 사천 앞바다 모래사장에 그치므로 이름을 교산(蛟山)이라 하고 바닷가 바위를 교문암(蛟門巖)이라 하였다. 허균은 고향에 대한 향수로 호를 교산이라고 하였다. 그런데 교산은 이무기산이라는 뜻이다. 이무기는 용이 되려다 어떤 저주로 용이 되지 못하고 물속에서 천년을 더 기다리며 살고 있다는 전설적인 동물이다. 허균의 호는 자신의 이상을 펴지 못한 채 처형된 이무기와 같은 삶을 살았던 그의 일생을 대변해 주는 것처럼 보인다.

허균은 당시 최고의 명문인 양천 허씨 집안 출신이다. 증조부는 철저한 배불론을 주장했던 우의정 허종(許琮)이며, 종증조부는 연산군의 폭정에 반기를 든 좌의정 허침(許琛)이다. 조부 허한(許

瀚)은 벼슬은 비록 군자감 봉사에 머물렀으나 글씨와 그림이 뛰어났고 그 시대에 이름 있는 선비였다. 아버지 허엽(許曄)은 서경덕의 문인으로 성균관 대사성, 부제학, 경상도관찰사, 동지중추부사 등을 역임하였고, 동인과 서인으로 분당되었을 당시에는 동인의 영수가 되었다. 허엽은 첫째 부인 한숙창의 딸 청주한씨와 혼인하여 딸 둘과 허성을 낳았으며, 둘째부인 예조참판 김광철의 딸 강릉김씨와 사이에서 허봉, 허초희, 허균 등 삼남매를 낳았다. 첫째 부인에게서 태어난 딸 가운데 장녀는 박순원에게 출가했으며, 차녀는 우성전에게 출가하였다. 우성전은 문과 급제 후 성균관 대사에 이르렀으며, 임진왜란 대 의병을 일으켜 공을 세웠다.

큰형 허성(許筬)은 허균 보다 22세 연상이며 미암 유희춘의 문인으로 36세에 문과에 급제하였다. 선조의 신임을 바탕으로 대사성과 대사간을 역임하고 이조판서, 예조판서, 병조판서를 지냈다. 특히 동서분당으로 동인이 권력을 장악한 시기에 일본 통신사로 다녀와서 같은 당 김성일의 주장이 아닌 반대 당 서인 황윤기의 주장에 동조하여 사람의 존경을 받았다. 작은 형 허봉(許篈) 역시 유희춘의 문인으로 허균에게 가장 많은 영향을 미쳤다. 허균의 스승인 이달과 시우(詩友)였으며 사명당과도 친분이 있었다. 형보다 11년 앞서 과거의 급제하여 서장관으로 명나라를 다녀와 기행문『하곡조천록』을 썼다. 이조정랑을 역임하고 창원부사로 있을 때 병조판서 이이가 이론과 세우고 군정을 소홀히 한다고 탄핵하였다가 함경도 종성으로 유배되었다. 삼년 뒤에 영의정 노수신의 노력으로 풀려났으나 벼슬살이를 거절하고 백운산, 금강산 등을 유랑하다가 금회에서 38세의 젊은 나이에 요절하였다. 작은 누님 허난설헌(許蘭雪軒)은 해동에서 최고가는 시인으로 허균과 함께 손곡 이달에게 시를 배웠다. 8살에「광한전 백옥루 상량문(廣寒殿 白玉樓 上樑文)」을 지을 정도로 신동이었다. 안동김씨 김성립(金誠立)과 혼인하였으나 순탄치 못한 결혼생활로 스물일곱 살의 나이에 세상을 떠났다. 그녀가 남긴 시는 우리나라보다 중국으로 건너가 격찬을 받았다. 특히 신선과 꿈을 노래한 시, 즉 유선시(遊仙詩)는 오빠 허봉과 동생 허균조차도 흉내낼 수 없는 것이었다. 허난설헌은 우리나라 최고의 유선시 시인이었다.

이처럼 허균의 양천 허씨 집안은 학문적으로 화담과 퇴계의 학통을 이었으며, 정치적으로는 동인과 남인의 리더 영수 역할을 담당하였다. 문학적으로 탁월한 능력을 가지고 있었으며, 아버지 허엽과 아들 허성, 허봉, 허균 그리고 사위 우성전과 김성립 모두가 문과에 급제하는 인재의 집안이었다. 그리고 이들 모두 중국과 일본에 사신으로 다녀와 국제적인 감각까지 가진 당대 최고의 가문이었다.

허균은 다섯 살에 글을 배우기 시작하여 아홉 살에 이미 시를 지을 알았던 신동이었다. 그러나 그의 매부 우성전은 시를 잘 짓고 재주가 뛰어난 허균에 대해 '뒷날 문장을 잘하는 선비가 되겠지만 허씨 집안을 뒤엎어 놓을 자도 이 아이일 것이다.'라고 걱정했다고 전해진다.

허균은 12세에 아버지를 여의고 편모슬하에서 자라면서 허난설헌과 함께 둘째 형 허봉의 벗인 이달(李達)의 문하에서 수학하였다. 이달은 최경창, 백광훈과 함께 삼당시인(三唐詩人)의 한사람으로 시재가 뛰어났다. 그러나 그는 대제학의 지냄 이첨의 서손(庶孫)으로 일찍이 문장이 뛰어났으나 벼슬길이 막히자 술과 방랑으로 세월을 보냈다. 후일 허균이 서류의 편을 든 것은 불행한 스승을 곁에서 직접 겪었기 때문이다. 그리고 둘째 형을 통해서 사명당을 만나게 되어 불교를 배웠으며, 유성룡의 문하에도 드나들게 되었다.

허균의 청년기에 연속해서 겪은 불행은 인생관 형성에 결정적인 역할을 하였다. 첫 번째 불행은 둘째 형 허봉의 귀양과 죽음이었다. 남달리 허균을 이해하고 아끼던 형이 당쟁의 소용돌이 속에서 이이를 비판하다가 종성과 갑산으로 귀양을 가게 되었다. 그리고 귀양에서 돌아와서도 벼슬을 마다하고 온 나라를 떠돌아다니다가 38세의 젊은 나이에 세상을 떠났다. 높은 기개와 포부 그리고 재질을 가지고 있었지만 현실에 저항하면서 스스로를 학대하다가 세상을 떠난 것이다. 허균의 두 번째 불행은 누이 허난설헌의 죽음이다. 누이 허난설헌은 허균에게 가장 든든한 동지였다. 8살에 「광한전백옥루상량문(廣寒殿白玉樓上樑文)」을 지을 정도로 신동이었던 허난설헌은 스승 이달에게 함께 시를 배우면서 서로의 문학세계를 가장 잘 이해하는 동반자였다. 그러나 15세에 혼인한 남편 김성립과 부부관계는 원만하지는 못하였다. 학문적 깊이나 시를 쓰는 재주가 아내 허난설헌에 미치지 못한 김성립의 열등의식은 두 사람의 사이를 갈라놓는 결과를 가져왔다. 허난설헌 스스로 조선이라는 작은 나라에 태어난 것, 남자가 아닌 여자로 태어난 것, 수많은 남자 가운데 김성립을 지아비로 맞이한 것 등 세 가지 한을 가슴에 품고 27세라는 젊은 나이에 세상을 떠났다. 자신과 혈연적으로나 문학적으로 가장 가까운 친구를 잃은 것이다. 셋째 허균은 임진왜란에 사랑하는 아내와 아들을 잃었다. 허균은 17세에 두 살 아래의 김대섭의 둘째딸과 혼인하였다. 홀 시어머니를 잘 모시고 놀기 좋아하는 허균을 나무랄 정도로 현명한 여인이었다. 그러나 임진왜란이 일어나 피난길에 첫 아들을 낳고 산후조리를 못하여 사흘만에 세상을 떠났다. 소를 팔아 관을 사고 옷을 찢어서 염을 하였다. 그리고 아들마저 젖을 먹지 못하여 죽고 말았다. 후일 형조참의가 되어 죽은 김씨 부인이 숙부인으로 봉함을 받자 애절한 행장을 지어 김씨를 추모하였다.

파란만장한 벼슬살이

허균은 임진왜란을 피해 외가인 강릉 교산에 있는 애일당에 머물렀다. 애일당은 외조부 김광철이 40여년을 지내던 곳이다. 이곳에서 책을 읽으며 날을 보냈으며, 의병을 일으켜 왜구를 물리친 사명대사를 만나다. 20세에 생원시에 합격한 허균은 26세에 문과에 급제하였으나 본격적인 벼슬살이는 29세에 문과 중시(重試)에 장원 급제하면서 병조좌랑으로 시작하였다.

그러나 허균의 벼슬살이는 탄핵과 파직의 연속이었다. 선조의 총애를 받아 31세에 항해도 도사로 임용된 허균은 여섯달 만에 사헌부의 탄핵을 받았다. 서울의 창기(娼妓)들을 관아의 별실에 데러다가 놀아나고, 무뢰배들과 어울리면서 폐단이 많고 도민의 비웃음과 모욕을 받았다는 것이었다. 그는 끝내 파직되었으며, 이후 6차례 파직되는 수모를 당하였다.

36세에 수안군수로 부임하였다. 재임 중에 못된 짓을 한 토호(土豪)를 곤장을 쳐 벌주다가 우연히 그 중에 하나가 죽었다. 그의 아들이 억울함을 진정하고 또 불교를 믿는다고 탄핵하자 또 다시 벼슬길에서 물러났다. 그러나 명나라의 사신 주지번이 왔을 때 허균은 종사관으로 천거되었다. 중국 삼대 문사(文士) 가운데 한사람인 주지번을 접대하면서 시와 글씨는 말할 것도 없고 불교와 도교에서 제자백가에 이르기까지 어느 하나에도 막힘이 없었다. 최치원 이후의 시 830수를 소개하였고, 스승 이달과 누이 허난설헌의 시도 보여 주었다. 주지번은 허균의 글재주와 넓은 학식에 감탄을 금치 못하였다.

허균은 이같은 탁월한 공로로 삼척부사가 되었다. 그러나 여기서도 석달을 채 넘기지 못하여 부처를 받들었다는 탄핵을 받아 쫓겨나고 말았다. 허균은 관아의 별실에 불상을 모시고 아침 저녁으로 예불을 드렸으며 염불과 참선을 게을리하지 않았다. 허균은 파직에도 아랑곳하지 않고 「문파관작(聞罷官作)」이라는 시(詩)를 통해 시끄러운 벼슬사회를 버리고 절간에서 부처를 믿겠다는 뜻을 숨김없이 드러내고 있다. 그러나 벼슬길에 들어선지 십 년쯤 만에 세 번이나 벼슬자리에서 쫓겨나는 몸이 되면서 허균은 이단으로 낙인찍히게 되었다.

1608년 허균은 당시 공주 목사가 되었다. 이대부터 허균은 평소 교분이 두텁던 서류(庶類)들과 더욱 더 가깝게 지내면서 개혁의 꿈을 키웠다. 그리고 천인, 평민들과도 서슴치 않고 교류하였다. 이후 선조가 죽고 광해군이 즉위하면서 글벗인 이이첨이 권신으로 등장하면서 조정의 부름을 받아 명나라에 종사관으로 다녀왔다. 이 대 주지번에게 「난설헌집」을 전달하였다. 그러나 이듬해 다시 명나라에 성절사로 가라는 명을 아프다고 거절하였다가 면직되었다가 11월에 전시(殿試)의 시관(試官)이 되었다. 그는 시관으로 있으면서 사위와 조카를 부정으로 뽑았다는 탄핵을 받아 전라도 함열로 유배되었다.

자유분방한 사상의 소유자

허균의 학문과 사상은 성리학뿐만 아니라 불교, 도교, 서학 등 모든 분야에 깊은 관심을 가지고 있었다. 허균이 당시 성리학의 이론적 논쟁에 빠지지 않고 다양한 사상을 접하게 된 것은 모순된

사회현실을 극복하는 방안으로써 다양한 학문과 사상에 대해 관심을 기울였기 때문이다. 유·불·도 3교에 두루 능통한 허균을 유몽인(柳夢寅)이 편찬한 야담집 『어우야담(於于野譚)』에는 '허균이 고서를 전송(傳誦)하는 것을 들었는데, 유·불·도 3가의 책을 닥치는대로 시원하게 외워내니 아무도 그를 당할 수가 없었다'고 기록하고 있다. 그리고 허균은 중국에 사신으로 갔을 때 유럽의 지도와 천주교의 「게십이장」을 얻어왔다. 당시 명나라도 막 천주교가 도입되었던 시점이었음을 고려하면 새로운 사상에 대한 그의 관심은 유별났음을 알 수 있다.

허균은 유학을 공부하는 목적을 '자기를 위한 공부'와 '남을 위한 공부'로 구분하였다. 그리고 이들 가운데 자기를 위한 공부보다는 남을 위한 공부가 중요하다는 것을 강조하였다. 학문을 하는 것은 천하의 변화에 대응하고 도를 밝혀서 뒤에 나오는 학문에게 길을 열어주고 천하와 미래에 깊은 도움을 주기 위함이다. 그런데 영남사림파의 우두머리로 우리나라 성리학의 태두인 김종직을 자기를 위한 공부와 남을 위한 공부 둘 다를 놓치고도 둘을 다 차지한 것처럼 생각하고 있다고 지적하였다. 이는 '영화나 녹봉은 나의 뜻이 아니다'라고 하면서 좋은 벼슬자리를 누리는 당시 유학자들을 비판한 것이다. 순수학문에 반기를 들고 현실참여의 학문에 가치를 둔 것이다.

허균은 평생 불교를 공부하였다. 그는 불교에 대한 선문답을 하면서 승려들과 사귀었다. 이는 그의 형 허봉이 방랑하면서 불교에 빠진 데에서 큰 영향을 받은 것으로 생각된다. 불교에 대한 관심은 학문에 대한 탐구욕에서 나오기도 하고 부질없는 속세에 대한 반발이기도 하였다. 불교도라는 이유로 관직에서 쫓겨나면서도 '불교를 좋아해서 글들을 읽었더니 마음이 환하게 깨우쳐지는 것이 있었고, 삼라만상을 비추어 보니 모두 공(空)이다'라고 하였다. 허균은 서산대사와 사명대사와 특별한 친분을 가지고 두 사람의 비문을 썼으며, 문집의 서문과 발문을 쓰기도 하였다.

허균은 도교에도 깊은 관심을 가지고 있었다. 그가 도교에 관심을 가진 것은 어릴 때부터였다. 처음에는 학구적인 태도로 도교를 대하였다. 불교와 마찬가지로 어릴 때부터 노자와 장자를 비롯하여 도교 관련 글들을 읽었다. 아버지 허엽과 누이 허난설헌의 영향도 있었다. 특히 누이 허난설헌의 시의 대부분은 신선과 꿈을 노래한 시, 즉 유선시(遊仙詩)이다. 그는 '도(道)에 가까우면 신선이 되고, 도(道)에 어두우면 범인이 된다'고 하면서도 죽어서 신선이 된다는 허망한 얘기를 앞세우지 않고 수양을 통해 살아있는 육신이 신선이 되어야 한다고 생각하였다.

우리나라에 천주교 서적을 맨 처음 소개한 사람이 바로 허균이었다. 천주교가 우리나라에 본격적으로 전해진 것은 중국을 통해서이다. 이탈리아의 선교사 마테오리치가 중국에 천주교를 전하였는데, 허균이 중국에 사신으로 갔다 오면서 서양 지도와 함께 『게십이장』을 가지고 왔던 것이다. 그는 천주교 관련 책을 가지고 왔을 뿐만 아니라 자기를 따르는 무리와 함께 그것을 믿고 따르기도 하였다.

경포호수 옆 초당에 서재 '호서장서각(湖墅藏書閣)'를 만들어 당시 선비들에게 책을 제공하였던 허균은 당시 최고의 장서가였다. 중국을 다녀올 때마다. 그리고 중국으로 사신가는 사람들 편으로 사비(私費)를 들려 책을 사 모았다. 다양하고 방대한 그의 장서는 바로 자유분방한 사상의 원천이 되었다.

시대를 초월한 개혁 사상

허균은 사회 모순을 해결하고자 했던 개혁가였다. 사회모순에 대한 개혁을 머리만으로 하는 것이 아니라 가슴으로 느끼며 직접 행동으로 실천하고자 하였다. 논설(論說)을 통하여 구체화된 허균의 개혁사상은 오늘날에도 유용할 만큼 시대를 초월한다. 허균의 개혁 사상은 「호민론」의 혁명사상, 「관론」과 「후록론」의 민본사상, 「병론」의 국방개혁사상, 「유재론」의 신분차별 타파 등으로 다양하다.

허균은 사회개혁을 위한 혁명사상으로 「호민론(豪民論)」을 제시하였다. 「호민론(豪民論)」은 '천하에 두려워 할 바는 백성뿐이다'라는 전제에서 시작한다. 백성은 정치의 대상이지만 통치자나 관료의 종은 아니다. 즉 통치자나 관료집단이 정책을 수립하고 그것을 실행하지만 주인은 그들이 아니라 백성이라는 것이다. 통치자는 언제나 백성을 가장 높은 자리에 두고 정치를 해야 함을 강조하였다.

허균은 「호민론(豪民論)」에서 나라의 주인인 백성을 호민(豪民), 원민(怨民), 항민(恒民)으로 구분하였다. 항민(恒民)은 '무식하고 천하며, 자신의 권리나 이익을 주장할 의식이 없는 백성'을 말한다. 지식이 없고 자신의 권리를 주장할 의식도 없는 항민은 독재자들의 가장 좋은 수탈의 대상이 되어 왔다. 원민(怨民)은 '정치적으로 피해를 입어도 원망만 하고 스스로 행동에 옮기지 못하는 백성'을 말한다. 이들은 의식은 있으나 그것을 스스로 행동으로 옮기지 못하는 나약한 집단이다. 지금의 나약한 지식인이나 소시민과 같은 집단으로 단순한 불평세력으로 존재한다. 호민(豪民)은 '자신이 받는 부당한 대우와 사회 모순에 과감하게 대응하는 백성'을 뜻한다. 이들은 시대의 사명을 인식하고 현실에 적극적으로 나서는 인물들이다. 즉 호민의 주도로 원민과 항민이 합세하여 무도한 무리들을 물리침으로써 개혁이 달성될 수 있다는 것이다.

허균은 정치의 마지막 목표는 민중이라고 생각하였다. 민중을 근본으로 인식하고 민중을 위한 정치가 가장 좋은 정치라고 믿었다. 이같은 민본 정치를 위해 「관론(官論)」과 「후록론(厚祿論)」을 제시하였다. 「관론(官論)」은 관원이 너무 많아 기구와 관료를 줄여 국고의 손실을 막아야 한다는 것이다. 정부기구가 지나치게 복잡하면 권력이 여러 갈래로 분산되어 명령 계통이 서지 않고 똔 존중받지 못해 지위가 흔들리고 비능률적이 된다. 관원이 많아지면 정부의 재정이 필요없이 낭비되고 또 일은 일대로 잘 집행되지 않는다. 허균은 당시 상황을 '고위직의 벼슬아치들이 실무를 담당하는 아전들만 멀거니 쳐다보고 갑자기 자기가 맡은 직무를 물으면 망연히 대답할 바를 모른다'고 지적하였다. 그는 「후록론(厚祿論)」에서 관리들에게 의식주를 해결할 정도의 후한 녹봉을 주어야 부정과 부패를 막을 수 있다고 하였다. 관리에게 생활하는데 불편이 없을 만큼의 녹봉을 주면 청렴을 권장하고 이권을 탐하지 않게 막을 수 있다. 가정생활에 어려움이 없으면 일할 의욕이 생기고 창의성과 뜻을 세워 일을 하게 된다는 것이다.

허균은 「병론(兵論)」에서 '군사를 기르는 것이 나라를 지키는 길'이라고 하였다. 임진왜란을 몸소 체험한 그는 나라에 군사가 없으면 무엇으로 포악한 침입을 막을 것이며 포악한 침입을 막을 수 없다면 나라는 어떻게 자립을 유지하고 임금은 어떻게 스스로 높임을 받으며 백성은 어찌 하루라도 베개를 높이 베고 편안하게 잘 수 있겠는가? 군사가 없다는 것은 병사가 없다는 것이다. 당시 병사가 적은 것은 군정을 제대로 수행하지 않은 탓이며, 그나마 싸울 수 없었던 것은 장수가 적당한 사람이 아니었기 때문이다. 따라서 허균은 모든 계층에게 고르게 군역을 부과할 것을 주장하였다. 당시 벼슬아치나 재상의 아들이나 조정의 유생들은 군사 소속되지 않으며, 종이나 천민들도 보도 병적에서 빠졌다. 그리고 장수도 모두 병사를 잘 다스리는 사람이 선발되는 것이 아니라 윗사람이나 잘 섬기는 사람들이 선발되었다. 모든 계층이 군역에 참여하고 군정을 엄하게 하면서 장수를 잘 선택하여 전권을 맡기면 훈련이 잘 된 십만 군사가 공격의 위엄을 떨칠 것이라고 하였다. 율곡 이이의 십만양병설(十萬養兵說)과 너무나 닮아 있는 것이 바로 허균의 「병론」이다. 비록 당파는 동인과 서인으로 달랐지만 나라를 지키겠다는 생각은 다르지 않았다.

허균은 「유재론(遺才論)」을 통해 신분차별의 타파를 주장하였다. '고금은 멀고도 오래고 천하는 넓지만 서얼출신이라 하여 어진 선비를 버리고, 어미가 개가한 자손이라 해서 재능있는 자를 등용하지 않다는 말을 듣지 못했다. 우리나라만이 그런 자손에게 영영 벼슬길을 막고 있다'며 서얼차별이 우리나라에만 있는 것임을 지적하였다. 그리고 '하늘에서 인재를 낼 적에 귀한 집안에 태어났다고 하여 많은 것을 주고 천한 집안에 태어났다고 하여 적게 주지는 않았다'고 전제하고 '하늘이 인재를 내었는데도 사람이 스스로 버리면 이것은 하늘을 거스르는 것이다.'고 하였다.

허균은 '곡식을 받아들이고 벼슬을 주고 서얼을 허통해야한다는 율곡 이이의 정책을 받아 들이지 않았기 때문에 임진왜란이 일어나도 조정은 아무런 대책을 세우지 못하고 백성의 협조를 얻을 수 없었다'고 하였다. 허균의 이같은 사회개혁사상은 당시 사회에서는 매우 혁명적이다. 『홍길동전』은 혁명을 통해 이룩한 이상사회를 형상화한 것이다.

한편 허균은 개혁 사상을 주장으로만 그친 것이 아니라 스스로 실천하였다. 그는 7명의 서얼 즉 칠서(七庶)들과 손잡고 거사를 도와주었다. 1601년 칠서들이 서얼허통을 요청하는 상소를 올렸으나 그것이 묵살되자 거사를 준비하였다. 이에 허균은 이 일을 돕고 그들과 교류하였다. 뿐만 아니라 서자였던 스승 손곡의 처지를 '평생을 몸 눕힐 곳도 없이 사방을 떠돌아다니며 걸식하였다'고 한탄하며 시를 모아 시집을 만들어 명나라 사신 주지번에게 소개하여 중국에서 시집을 펴내도록 하였다.

꿈처럼 끝난 혁명가 허균의 최후

허균은 파직과 복직을 되풀이하면서도 기행과 특유의 자유분방함으로 세론(世論)에 오르내렸다. 허균은 명문가 출신의 기대주이면서도 신분적 특권을 스스로 박차버리고 혁신적인 개혁을 꿈을 버리지 않았다. 그의 스승 손곡(蓀谷) 이달(李達)이 서얼이라는 이유로 차별받고, 서양갑 · 심우영 등 능력있는 젊은이가 단지 서얼이라는 이유만으로 좌절당하는 현실을 결코 좌시하지 않았다. 그리고 마침내 『홍길동전』이라는 소설 속에서 혁명의 세상을 꿈꾸었다.

그러나 허균의 정치적 위기는 1613년 '칠서(七庶)의 옥(玉)'에서 비롯된 '계축옥사(癸丑獄事)'에서 본격적으로 다가왔다. 칠서의 옥은 일곱 명의 서얼들이 역모를 꾀한 사건이다. 사건 주도 인물 7명은 서양갑,심우영,박응서,이경준,박치의,박치인,김경손 등으로 모두가 아버지가 고위관직을 지낸 명문가였지만 불행하게도 서자출신들이다 이들이 현실개혁에 뜻을 품기 시작한 것은 1608년에 제기한 서얼허통(庶孽許通) 요구가 받아들여지지 않았기 때문이다.

1603년 봄 박순의 서자 박응서를 비롯한 7명의 서자들이 문경새재에서 은상(銀商)을 살해하고 은 7백 냥을 강탈한 죄로 체포되었다. 이들은 이 사건이 있기 전부터 스스로 강변칠우(江邊七友)라 칭하며 교분을 형성하면서 시국에 대해 한탄하고 있었다. 이 시기에 허균은 이들과 긴밀한 교분을 유지하였다. 허균은 능력은 있으나 이것을 발휘할 수 있는 길이 막혀있는 사회의 부조리한 상황을 체험하면서, 서얼이나 무사와 같이 차별받는 신분들이야말로 자신이 추구하는 개혁사상의 동반자임을 확신하였다. 그러나 7명의 서얼들의 역모계획은 일당 중 한명인 박응서가 문경새재에서 은상을 살해한 후 체포되어 그 진상이 밝혀지면서 정국을 초긴장 상태로 몰아갔다. 이들이 축적한 재물을 거사자금으로 활용하고 영창대군의 외조부인 김제남을 추대하려 했다는 혐의는 김제

남과 영창대군을 비롯한 수많은 희생자를 양산하였다. 이것이 바로 계축옥사이다. 이러한 서얼들의 움직임은 허균의 『홍길동전』 집필에 어떤 형태로든 영향을 준 것으로 판단된다.

서얼의 실질적인 후원자라는 혐의에서 자유로울 수 없었던 허균은 이 사건 이후로 요주의 대상이 되었다. 이러한 혐의를 피하기 위하여 허균은 당시 대북정권(大北政權)의 최고 실세이자 글방 동문이었던 권신 이이첨(李爾瞻)에게 도움을 청하였다. 이이첨의 후원으로 집권 대북세력에 적극 협력한 허균은 폐모론(廢母論)과 같은 정국의 최대 이슈에 직면하여 인목대비의 처벌을 강경하게 주장함으로써 자신의 정치적 입지를 강화하였다. 광해군의 왕통 강화를 최고의 과제로 삼던 이이첨 일파에게 허균은 훌륭한 행동 대원이었다. 이후 허균은 광해군과 권력의 실세 이이첨의 두터운 신임을 얻어 호조참의, 형조참의를 거쳐 좌참찬까지 오르게 되었다. 그리고 그의 장기인 외교력과 문장력을 발판으로 외교사절로 두 차례나 명나라를 다녀오기도 하였다.

그러나 허균의 동료였으나 인목대비의 폐출을 반대하던 기자헌이 유배를 가게 되자 그의 아들이며 허균의 제자였던 기준격이 허균의 역모를 고발하는 비밀상소를 조정에 올림으로써 허균은 궁지에 몰리게 되었다. 허균은 즉각 반박 상소를 올리며 반격하였지만, 인목대비의 폐출을 반대하던 각지의 유생들도 들고 일어나 허균에게 죄를 줄 것을 주장하는 등 여론도 그에게 불리하게 작용하였다. 마침내 1618년(광해 10) 8월 광해군을 비방하는 격문을 붙인 것이 허균의 심복이 한 짓이라는 사실이 폭로되면서 허균은 체포되었다. 허균은 죽는 순간까지 자신의 역모 사실을 인정하지 않았지만 조정의 대세는 그의 역모를 기정사실화하였다. 경운궁에 흉서(凶書)를 던진 것과 남대문에 흉방을 붙인 것, 승도들을 모아 난을 일으키려고 모의한 것, 산에 올라가 밤새 소리쳐서 도성의 백성들을 협박하려 한 것 등이 역모의 구체적인 증거로 제시되었다. 최후를 맞이한 허균에게는 정치적 동조자나 후원자는 아무도 없었다. 강하고 독선적인 기질은 정치권에서 그를 철저하게 소외시켰던 것이다. 1618년 8월 24일 허균은 현응민, 우경방, 하인준 등의 동지들과 함께 저자거리에서 능지처참(陵遲處斬)되면서 파란만장한 50세의 생애에 마침표를 찍었다. 그리고 그의 꿈도 함께 산산이 부서졌다.

참고문헌

장정룡, 『허균과 강릉』, 강릉시, 1998
이이화, 『허균』, 한길사, 2010, 6

허경진, 『유교반도 허균』, 연세대학교 출판부, 2000

이윤겸, 『그리움이 머무는 집』, 사진예술사, 2008.

신병주, 「호민을 꿈꾼 자유인 허균」, 『조선시대를 이끈 인물들』, 남명학연구원, 2005

김 영, 「허균론」, 『애산학보』 19집 , 1995

양언석, 「허균시문에 나타난 강릉」, 『솔향강릉』, 2호 2010, 6

토론문: 미완성으로 끝난 개혁의 꿈

장영주프로듀서(전 KBS역사스페셜 책임PD)

허균이 시대를 앞서간 개혁사상가로 성리학적 질서가 확고해져가는 조선중기 당대의 주류사회와 불화를 겪으면서도 자신만의 생각을 굽히지 않다 결국 처형되고 말았던 과정을 발표문은 상세히 서술하고 있다.

그의 개혁사상은 상당한 급진성을 띠고 있었지만 허균은 현실에서 그의 생각을 실제로 현실에서 구현하고자하는 의지를 표명하고 일부 행동으로 옮기기 까지 한 것으로 나타난다. 서얼차별에 대한 문제의식은 서얼세력들과 깊은 관계를 맺으면서 칠서의 변에 연루되었다는 혐의를 받기도 하고, 역모로 처형될 만한 언동도 스스럼없이 자행었던 것으로 보인다. 그는 개혁사상가에서 멈추지 않고 실제 사회를 바꿀 혁명을 꿈꾼 혁명가로 직접 나서려 했던 것이었는지도 모른다. 허균의 혁명사상은 호민론에서 가장 극명하게 드러나고 있으며 유재론에서 서얼차별에 대한 비판이 구체적으로 서술되어 있다. 발표문에 대체로 동의하면서 홍길동전과 관련해서 추가 질문을 드리고자 한다.

첫째, 허균의 개혁론이 구체화되어 집성된 것이 홍길동전이라고 여겨지는데 발표자가 홍길동전을 분석하거나 언급하지 않은 이유가 따로 있는가?

현재의 홍길동전이 허균의 저작인가에 대한 논란이 있기도 하지만 동시대인인 택당 이식이 허균이 지었음을 분명히 밝히고 있고(筠又作洪吉童傳) 홍길동전의 사상과 허균의 사상이 거의 동일하기에 허균의 저작임을 의심하기는 힘들다. 홍길동전이 소설이지만 허균의 개혁사상을 말해주는 가장 구체적인 사료로 보아도 무방할 것이다.

그의 비참한 최후는 자신이 지은 홍길동전을 현실에서 구현시키고자 했던 것이 아닌가 하는 생각마저 하게 한다. 홍길동전에서 가장 두드러진 비판의식은 서얼차별 문제로 볼 수 있는데 이는 성소부부고의 유재론이 소설로 구체화된 것으로 보인다. 또한 홍길동이 섬으로 들어가 율도국을 정벌하고 왕이 되는데 실록에서도 유사한 내용이 발견된다.

허균의 처형되기 이틀전 홍문관에서 올린 차자에 '유구국의 군대가 들어와 섬 속에 숨어있다(琉球復讎之兵, 來藏海島)는 말이 세간에 떠돌고 있는데 이는 허균이 지어낸 말이다'라고 주장하고 있다. 연려실기술에 의하면 이때 인심이 흉흉하여 성안의 집 10집 중 8,9집이 비었다고 말하고 있다. 광해군일기에서 사관은 허균이 무사를 모으고 승군을 청해서 대비궁을 범하여 일을 일으키려고 했다고 적고 있기도 하다.

즉 당대의 많은 사람들이 허균이 홍길동전을 지었고 홍길동전에 기록된 것처럼 허균이 행동했다고 믿고 있었던 것으로 여겨진다. 허균이 반역혐의로 처형되는 과정에 소설 홍길동전의 내용이 그의 역심을 증명하는 것처럼 여겨진 것은 아닐까?

둘째, 허균은 실제로 역모를 꾀한 것인지 아니면 이이첨의 흉계에 빠진 것으로 보는지 발표자의 입장은 무엇인가?

황정필은 공초에서 애초 의창군을 추대하려다 나중에 허균 스스로 하고자 하여 결정하지 못하였다고 진술하였다. 그러나 사관은 허균이 난을 일으키고 대비궁을 범하려고 했던 일을 광해군이 미리 허락하였다(王已許之)라고 적고 있다. 인조반정이후 편찬된 광해군일기의 기록이라 광해군을 폄하하기 위한 기록일 가능성을 감안하더라도 기록의 진실성 여부에 따라 허균의 죽음에 대한 평가가 확연히 달라질 수 있기 때문이다.

토론문: 미완성으로 끝난 개혁의 꿈

최익현(문학박사, 저널리스트, 문화평론가)

차장섭 교수님의 발표문 「미완성으로 끝난 개혁의 꿈」은 '역사학자'의 관점에서 허균의 개혁주의를 평가한 글이어서 많은 관심을 끕니다. 저 역시 기존 역사학계의 건조한 평가, 예컨대 '이상 정치를 꿈꾼 뛰어난 이야기꾼'(『역사학자 33인이 선정한 인물로 보는 한국사』, 2002), '폐모론을 거치면서 삼창 세력과 대립했고, 그 결과 권력투쟁에서 패한 것'(오항녕, 『광해 그 위험한 거울』, 2012)에서 차 교수님이 어떤 또 다른 결론을 이끌어낼지 궁금했습니다. 차 교수님의 결론은 의외로 간단했습니다. "강하고 독선적인 기질은 정치권에서 그를 철저하게 소외시켰던 것이다."라고 지적하면서, 그의 개혁의 꿈은 '미완성'으로 끝났다고 평가하셨습니다.

차 교수님 역시 교산 허균의 생애를 성장사에 맞춰 접근하면서, '자유분방한 사상'의 이 소유자가 '시대를 초월한 개혁 사상'을 품에 지녔지만, 그 모든 것이 '꿈처럼 끝난 혁명가'였다고 결론을 맺으셨습니다. 여기서 우선 눈에 들어오는 것이 '사상의 자유분방함', '초월적 개혁 사상'이라는 두 축입니다. 물론, 이러한 교산의 급진적 궤적은 16~17세기 급변하는 시대의 한계 안에서 '꿈처럼 끝'나고 맙니다. 허균 연구자들이 대개 동의하는 대목일 것입니다.

자유분방한 사상은 허균의 폭넓은 지적 관심 속에서 형성된 것이 틀림없습니다. 유학뿐만 아니라 불교, 도교, 천주교, 민속신앙 등에 이르는 그의 광폭 관심사는 엄격한 가친 대신, 나이 차가 많이 나는 형들과 누이의 보살핌 속에서 제약 없이 성장한 그의 성장기적 특성과 무관하지 않을 것입니다. 실제로 백형 허성은 엄격한 유교 정치인의 모습을 보여주었으며, 중형 허봉은 뛰어난 시인이자 서얼 출신의 불행했던 인물 손곡 이달과 사명당을 연결해줬으며, 허난설헌은 그가 심취한 '도선시'로 허균으로 하여금 신선사상에 눈뜨게 했습니다.

차 교수님은 또한 허균이 영남사림의 영수 김종직을 비판한 論을 썼던 사실에도 주목, 여기서 허균이 "순수학문에 반기를 들고 현실참여의 학문에 가치를 둔 것"이라고 읽어내셨습니다. 허균의 급진적 개혁사상, 시대를 초월한 개혁사상이 어디서 출발하는 것인지를 미뤄볼 수 있게 하는 지적입니다. 허균이 이후 정치 생활 내내 탄핵의 상소에 직면하는 데는 그의 '자유분방한 사상'들이 분명 큰 이유가 되기도 했지만, 그가 학문의 출사표를 '김종직 비판'으로 굳건히 했다는 점은, 두고두고 사림으로부터 견제를 받을 수 있는 요인이 됐다고도 볼 수 있을 것입니다. 차 교수님이 논의에서 이 점을 좀 더 분명히 설명해주셨다면 더 좋지 않았을까 생각합니다. 유교적 허식을 배척하는 허균의 이런 태도는 어쩌면 이후, 그의 정치적 선택에서 가장 큰 갈림길이 되는 인목대비 '폐모론'에 그가 완강했던 것과도 일맥상통하지 않을까 조심스레 생각해봅니다.

유배지 함열에서 엮은 그의 문집 『성수부부고』에 수록된 「호민론」, 「병론」, 「유재론」 등에 나타난 '초월적 개혁사상'은 민본정치, 고른 균역의 실시, 신분차별의 타파로 요약할 수 있습니다. 차 교수님은 "이 같은 사회개혁사상은 당시 사회에서는 매우 혁명적이다"라고 평가하면서, "『홍길동전』은 혁명을 통해 이룩한 이상사회를 형상화한 것"이라고 의미를 매기셨습니다. 나아가 차 교수님은 허균이 개혁사상을 주장한 데서 그치지 않고 스스로 실천하였다고 주장하십니다. 그 예로 칠서들과 손잡은 부분을 제시했습니다. 결국 이것이 허균을 옭아매고 그의 꿈도 산산이 부서지게 만들었다는 결론으로 연결됩니다.

　여기서 두 가지 조금 다른 생각을 해볼 수 있습니다. 첫째, 『홍길동전』에 대한 차 교수님의 평가입니다. 먼저, '혁명을 통해 이룩한 이상사회를 형상화한 것'이란 주장이 설득력을 지니려면, '혁명'이란 물리적 폭력적 방식이 어떤 성질의 것인지 규명돼야 한다고 저는 생각합니다. 또한 그것을 통해 '이상사회를 형상화한 것'이라고 주장하셨지만, 그 이상사회의 내용 역시 좀 더 상세히 분석해내야 한다고 봅니다. 홍길동이 '율도국'을 정복하고, 그곳에 나라를 세워 왕이 되어 다스린다고 했는데, 과연 이 '이상국'의 국가체제, 작동방식, 계급문제 등이 어떻게 되는지가 규명돼야 합니다. 『허균평전』의 저자는 "불만을 품고 탈출한 모국 조선과 새로 건설한 이상국은 본질적으로 같은 제도의 나라이다. 왕이 절대권을 가진 봉건국가였으며 유교를 치국의 지도 이념으로 삼았고, 생산구조는 농본체제이며 일부다처제의 나라였다. 더구나 서얼 문제를 해결했다는 얘기는 전혀 없다."라고 비판적으로 읽어냈는데, 시사하는 바가 있다고 봅니다.

　『홍길동전』의 해석은 또 다른 문제로 나아가게 합니다. 과연 허균이 현실 정치에서 '혁명가'였느냐의 문제 말입니다. 『광해군일기』의 한 대목을 보면 유난히 눈길을 끄는 장면이 있습니다. 허균이 역적으로 몰린 '모반의 이유'를 보여주는 대목입니다. "정국하였다. 박몽준(朴夢俊)·차극룡(車克龍)·이건원(李乾元)·김상립(金尙立)을 각기 두 차례 형신하였으나 불복하였고, 설구인(薛求仁)을 한 차례 형신하였는데 승복하였다. 설구인이 공초하기를, "……주상이 역변으로 인하여 무고한 사람을 많이 죽였고 또 궁궐의 역사로 백성들을 학대하고 있기 때문에 이런 역모를 하는 것이라고 하였습니다."(광해군일기[중초본] 133권, 광해 10년 10월 4일 기미 6번째 기사 1618년 명 만력(萬曆) 46년). 무고한 사람을 많이 죽였고, 궁궐 역사로 백성을 학대하고 있는 것이 '역모'의 이유였다고 설구인이 공초한 것입니다.

이 기록을 과연 어떻게 받아들이느냐의 문제도 있지만, 그러나 역모 즉, 혁명 거사의 이유가 분명하다고 하더라도, 혁명의 시행 방법, 그리고 혁명을 통해 허균이 어떤 체제를 꿈꾸었는지가 밝혀지지 않는다면, 여전히 허균을 가리켜 '혁명가'라고 평가하기에는 필요충분조건이 충족되지 않았다고 할 수 있을 것입니다. 「호민론」, 「병론」, 「유재론」 등에 나타나는 개혁 사상의 윤곽에도 불구하고, 이를 현실 정치에서 어떻게 현실화해내느냐의 문제가 남기 때문입니다. 다만, 허균이 위의 글 등에서 결국 정치의 책임은 신료들에게 있는 것이 아니라 '왕'에게 있다고 일관되게 지적한 대목을 환기한다면, 그의 정치적 반대파들이 주장하고 광해군이 어정쩡한 모습을 보였던 '역성혁명'의 그림이 허균에게 전혀 없었던 것은 아니었다고 말할 수 있습니다.

3부

허균,
시대를 앞서 간 자유주의자

허균, 시대를 앞서 간 자유주의자

연호탁(가톨릭관동대학교 교수, 영문학박사/역사학박사)

I. 들어가기

중국의 시인들 중 詩聖과 詩仙으로 추앙받는 이는 당나라 시인 杜甫와 李太白이다. 송나라 제일의 시인은 蘇東坡로 알려져 있다. 그렇다면 조선 제일의 여류시인은 누구일까? 황진이, 허난설헌, 이매창 중 한 사람을 꼽는다. 조선왕조를 통틀어 "조선 제일의 시인"은 누구일까? 많은 이들이 松江 鄭澈(1536~1591)을 거론한다. 더러는 蘆溪 朴仁老(1561~1642)를 말하고, 혹자는 孤山 尹善道(1587~1671)를 앞세운다.

그런데 正祖의 생각은 달랐다. 그는 박은(朴誾, 1479~1504)이야말로 최고의 가객이라 믿었다. 박은우 연산군조 왕의 생모 윤씨의 폐위와 복위 문제로 야기된 甲子士禍(연산군 10년, 1504년)에 연루되어 26세 젊은 나이에 효수형으로 생을 마감한 천재 시인이다. 정조는 그를 "조선조에서 제일가는 시인"으로 추앙하고, 그의 유고집인 『읍취헌유고(挹翠軒遺稿)』에 御題 서문을 써 주었으며, 그 책을 간행 반포토록 명하였다.

19세기 조선의 실학자 이규경(李圭景, 1788~1863) 역시 박은의 文才를 높이 샀다. 그는 『오주연문장전산고(五洲衍文長箋散稿)』라는 책을 썼다. 책 제목에서 '오주(五洲)'는 '5대양 6대주'의 줄임말인 동시에 저자인 이규경의 호이기도 하다. 그리고 '연문장전산고'는 책에 대한 저자 자신의 겸손함이 담긴 '차고 넘치는 군더더기가 많은 글'이라는 뜻의 '연문(衍文)', 문장 형태의 하나인 장편의 시문을 뜻하는 '장전(長箋)', '흩어진 원고'를 의미하는 '산고(散稿)'가 합쳐진 말이다.

그 책 경사편 5 논사류 2를 보면, 저자의 주관적 견해를 피력한 〈동국(東國) 제일의 인재(人材)에 대한 변증설〉이 있다. 그 글에서 이규경은 이황의 덕(德), 최립의 문(文), 유형원의 경륜(經綸), 이순신의 도략(韜略), 김상헌의 절의(節義), 남이의 무용(武勇), 서경덕의 천문(天文), 박연의 악학(樂學), 황공도의 총명(聰明), 김장생의 예학(禮學), 정렴의 선술(仙術), 홍령의 산술(算術), 이광사의 필법(筆法), 김인후(의 풍채(風采), 송미수의 효행(孝行)과 함께 박은의 시를 동국 제일로 꼽았다.

　강릉 사천 출신의 許筠(1569~1617) 또한 "학산의 나무꾼 이야기"라는 뜻의 문집 『학산초담(鶴山樵談)』에서, 박은을 김계온, 김시습, 이행, 김정, 정사룡, 노수신 6인과 병칭하고, 즉 그들을 한데 아울러 칭하며, 명나라 의고주의(擬古主義) 문인 즉 복고파인 전후칠자(前後七子)와 비교하였다. 조선의 문인이 대국의 문필가에 못 미친다는 그의 견해는 사대주의적 관점이라는 비난을 면키 어렵지만, 당시 소국 조선이 처한 비정한 정치 풍속도를 엿볼 수 있는 대목이기는 하다.

　학문적으로 남을 평가하려면 그 사람의 저술을 읽고 학문적 깊이를 가늠할 안목이 있어야 한다. 비판적 식견은 하루아침에 얻어지는 것이 아니다. 독서광이자 장서가였던 허균은 어렵게 구한 장서를 내놓아 낭만적인 이름의 국내 최초의 사립 도서관 호서장서각(湖墅藏書閣)을 만든 인물이다. '湖墅'는 장서각을 "경호(鏡湖: 경포호의 원 명칭) 주변의 허름한 농막"이라고 겸손하게 표현한 것이다.

　1606년 명나라에서 온 사신 주지번(朱之蕃)이 신라, 고려로부터 당대에 이르기까지 詩歌 중 가장 좋은 것들을 보내달라고 하자 허균이 외우고 있던 시를 연대별로 정리해 신라의 崔致遠으로부터 고려 명종 대의 쌍명재(雙明齋) 이인로(李仁老), 元宗 대의 홍간(洪侃)을 거쳐 당대의 시인에 이르기까지 124명의 시 839편을 8일 만에 네 권으로 나누어 편찬해 太史에게 전했다는 일화는 가히 전설적이라고 할 수 있다. 이 시선집이 후일『국조시산(國朝詩刪)』의 1차 자료가 된 것으로 알려져 있다.

허균이 주지번을 영접하기 위해 의주를 두 차례 오가는 중에 지었던 시 47수를 묶어「丙午西行錄」을 찬했다고 하는데 현재 남아 있지는 않고, 문집 밖에 7수만 전한다. 조·명 두 나라 대표 문인들 간의 대화는『성소부부고(惺所覆瓿藁)』권10「丙午記行」에 실려 있다. 허균이 직접 편집한 문집『성소부부고』의 '성소'는 허균의 호이며, '부부'는 "장독 뚜껑을 덮는다"라는 뜻, '고'는 '원고, 초고'. 따라서 자신의 문집은 장독 뚜껑을 덮을 정도나 될 하찮은 것이라는 극도의 겸양을 담은 제목이다. 장독을 덮는다는 것이 자신의 글에 대한 일종의 겸사이지만, 실상은 중국의 대문장가인 양웅(揚雄)에게 자신을 빗댄 것으로 볼 수 있다. '부부'란 말이 양웅이 지은『태현경(太玄經)』을 지칭하며 쓰인 말이기 때문이다. 현(玄)이라는 것은 우주를 통일하는 감각되지 않는 본체(本體)이고, 태(太)는 그 현에 대한 미칭(美稱)이다.

허균과 주지번의 대화는 문학에 국한되지 않고 유불선에까지 이르렀다. 허균은 옛 책을 외움에 있어 하나도 막힘이 없었다. 주변 사람들은 도저히 당할 수 없었다. 영위사(迎慰使) 신흠은 이런 모습에 놀라고 감동한 나머지 "이 사람은 사람이 아니다, 그 모습도 또한 類가 없으니 이는 반드시 여우나 삵괭이, 뱀이나 쥐 같은 짐승의 정령이다"라고 탄식해 마지않았다.

이렇듯 허균은 수없이 많은 밤을 책 더미에 묻혀 독서하고 사유한 끝에 문학의 세계에 통달한 지경이 되었을 것이고, 그런 내면의 자신감이 있었기에 잠두봉(오늘날의 切頭山) 아래 한강에서의 뱃놀이의 절창인 박은의 장편 시 「제잠두록후(題蠶頭錄後)」의 고매한 운격(韻格)에 감탄했을 것이다.

잠두봉은 양화도(楊花渡) 동안에 있었던 오늘날의 절두산이다. 『新增東國輿地勝覽』에 따르면 절두산을 가을두(加乙頭, 들머리)나 용두봉(龍頭峰)이라고도 불렸다. 조선의 문인들은 제천정에서 배를 띄워 노량, 용산, 마포의 순으로 강물의 흐름을 따라 잠두봉 아래까지 유람하고는 하였다. 해 저물녘 시작해서 다음 날 새벽에서야 끝나는 이런 한강 뱃놀이는 얼마나 즐거웠을 것인가. 그러나 박은은 정쟁의 탁류는 건너지 못하고 끝내 익사하고 말았다. 스물여섯 살 아까운 나이에 정쟁의 소용돌이 속에 그믐달처럼 스러지고 만 것이다.

황혼에 배 놓아 흐르는 물 가르며

서쪽의 푸른 파도 바라보매 끝이 없네

사공이 노 멈추고 나에게 하는 말

잠두봉 지나면 파도 더욱 급합죠

어촌에 닻을 매고 상선에 기대니

코고는 소리가 요란하구나

조물주가 명월을 아끼는지

일부러 엷은 구름 보내어 은하수를 가리네

버드나무는 아득히 깃대처럼 서 있고

등불은 깜박깜박 별처럼 빛나네

서쪽에서 소낙비 몰려와 한바탕 소리 내니

큰 물고기가 물결 가르며 도망치네

이때 옷을 여미고 술잔을 재촉하며

그대의 좋은 시구 튕겨져 나옴을 기뻐하네

영통사의 옛 시령을 지금 다시 시행하니

시령 엄하고 재주 모자라기에 벗어나고파라

술잔을 들어 달에게 묻고 소선(소동파)을 불러 보니

날개가 돋아 광활한 허공을 나는 듯하네

동녘 틀 무렵 물살이 넘치니

그야말로 천지가 나뉘기 전 혼돈 때와 같구나

삐걱삐걱 노 저어 물안개 속으로 들어가니

넓은 초원 긴 사장엔 물새가 어지럽네

양화도 나룻가에 종일토록 비 내리는데

봉창 아래 지은 맑은 시가 구슬처럼 빛나네.

　허균도 그처럼 갔다. 종일토록 쏟아지는 빗줄기, 안개 스미는 봉창 아래 구슬처럼 빛나는 맑은 시를 짓던 선비가 스러지는 달이 되어 세상이라는 산등성을 넘어 사라졌다. 그의 나이 49세 되던 해(1617년) 한 가을이 일이다. 역모죄로 참형을 당해 그는 세상을 하직한다.

　조선시대 여러 사람들의 야사, 일화, 만록(漫錄), 수필 등을 모은 책인『大東野乘』중 판서 윤국형(尹國馨)이 찬한「갑진만록(甲辰漫錄)」경술년(1610년, 광해군 2년)조에 보이는 허균에 대한 언급과 권필(權韠)의 작품으로 의심되는 시 두 편은 허균의 죽음에 부당함 또는 억울함이 있음을 암묵적으로 토로하고 있다. 참고로 '질펀할 漫'을 쓴 (甲辰)漫錄은 漫筆처럼 이런저런 이야기를 질펀하게 늘어놓은 기록을 말한다.

지난 겨울 허균의 옥사(獄事)가 한창일 때, 어떤 사람이 소시(小詩)를 짓기를,

과거 등급에 사정을 둔다 한다면
자제 중에 조카가 가장 가볍다네
허균만이 홀로 이 죄 당하게 하니
세간의 공도 실로 행하기 어려워라

라고 하였다. 금년 임숙영이 삭과될 때에 또 시를 짓기를,

궁 안 버들 푸르르고 꽃 한창 나부끼는데
온 성의 벼슬아치 봄빛에 아첨하네
조정에서 바야흐로 태평세월 축하하는데
누가 곧은 말이 선비에서 나오게 하는가

라고 하였다.

자자한 소문은 위의 시 두 편이 혹 선조 때의 시인이자 성리학자인 권필(權韠, 1569~1612년)의 작품이라고 한다는 것이다. 권필

은 한문소설『주생전』을 썼고, 유작으로『石洲集』을 남겼다.

　허균의 죽음의 이유가 합당한가와는 별도로, 그의 죽음이 안타까운 것은 정치판의 서바이벌 게임에서 목숨을 잃지 않았다면 그의 재능, 인문학적 소양이 사회적으로 유익하게 기능했을 것으로 여겨지기 때문이다. 그의 관심사는 광범위했다. 음식에 관한 기록인『도문대작(屠門大嚼)』이 대표적 사례다. '屠門大嚼'의 말뜻은 "푸줏간 문 앞을 지나며 입맛을 크게 다시다" 정도로 이해하면 된다. 허균은 머리글에 해당하는 '도문대작인(屠門大嚼引)'에서 다음과 같이 썼다.

　　우리 집은 가난하기는 했지만 선친(草堂 許曄, 1517~1580)이 생존해
　　계실 적에는 사방에서 나는 별미를 예물로 바치는 자가 많아서 나는
　　어릴 때 온갖 진귀한 음식을 고루 먹을 수 있었다. 커서는 잘사는 집에
　　장가들어서 산해진미를 다 맛볼 수 있었다.
　　임진왜란 때 병화를 피해 북쪽으로 갔다가 강릉으로 돌아왔는데, 그곳
　　에서 지내는 동안 기이한 해산물을 골고루 맛보았고 벼슬길에 나선 뒤
　　로는 남북으로 전전하면서 우리나라에서 나는 별미를 모두 먹어볼 수
　　있었다.

어려서부터 별미를 맛볼 수 있었다는 것은 대단한 축복이 아닐 수 없다. 국내 최초의 음식서인 『도문대작(屠門大嚼)』을 그는 다음 과 같이 의미심장하게 시작한다.

먹는 것과 성욕은 사람의 본성이다. 더구나 먹는 것은 생명에 관계되는 것이다. 선현들이, 먹는 것을 바치는 자를 천하게 여겼지만, 그것은 먹는 것만을 탐하고 자기의 이익을 추구하는 자를 지적한 것이지 어떻게 먹지도 말고 말하지도 말라는 것이겠는가. 그렇지 않다면 무엇 때문에 팔진미의 등급을 《예경(禮經)》에 기록했으며, 맹자가 생선과 웅장(熊掌)의 구분을 했겠는가.

위의 글에서 말하는 팔진미는 순오(淳鰲), 순모(淳母), 포돈(炮豚), 포장(炮牂), 도진(擣珍), 지(漬), 오(熬), 간료(肝膋)로서 노인을 봉양하는 여덟 가지 맛있는 음식을 말한다.
이어서 허균은 도문대작을 지은 까닭을 밝힌다.

내가 죄를 짓고 바닷가로 유배되었을 적에 쌀겨마저도 부족하여 밥상에 오르는 것은 상한 생선이나 감자, 들미나리 등이었고 그것도 끼니마다 먹지 못하여 굶주린 배로 밤을 지새울 때면 언제나 지난날 산해진미도 물리도록 먹어 싫어하던 때를 생각하고 침을 삼키곤 하였다. 다시 한 번 먹어보고 싶었지만, 하늘나라 서왕모(西王母)의 복숭아처럼 까마득하니, 천도복숭아를 훔쳐 먹은 동방삭(東方朔)이 아닌 바에야 어떻게 훔쳐 먹을 수 있겠는가.

마침내 종류별로 나열하여 기록해 놓고 가끔 보면서 한 점의 고기로 여기기로 하였다. 쓰기를 마치고 나서 『도문대작(屠門大嚼)』이라 하여 먹는 것에 너무 사치하고 절약할 줄 모르는 세속의 현달한 자들에게 부귀영화는 이처럼 무상할 뿐이라는 것을 경계하고자 한다.

신해년(1611, 광해군3) 4월 21일 성성거사(惺惺居士)는 쓴다.

II. 실록에 나타난 허균의 됨됨이

필자는 『선조실록』에 기록된 허균에 대한 사관의 평가를 수합해 한 인물에 대한 평가가 어떻게 이뤄졌는가를 살펴보고자 한다. 사전에 염두에 둘 것은 인물평은 다분히 주관적일 수 있고, 따라서 그런 평가가 진실은 아닐 수 있다는 점이다.

『선조실록』 87권, 선조 30년(1597년) 4월 9일 기사는 문무과 합격자 방방으로 시작한다.

문무과(文武科)의 중시(重試) · 별시(別試)의 방방(放榜)이 있었다. [중시 문과에는 전 검열 허균(許筠) 등 5명이고, 무과에는 전 주부(主簿) 장사행(張士行) 등 36명이었으며, 별시 문과에는 생원 조수인(趙守寅) 등 19명이고, 무과에는 겸사복 오남(吳男) 등 4백 78명이었다.]

『선조실록』 51권, 선조 27년(1594년) 5월 3일 경진일의 기사는 다음과 같다.

원접사 윤선각이 아뢰기를,

"신과 유영길이 위급하고 민망한 심정을 갖추어 진달해서 비변사에 의논하여 아뢰라는 명을 받았으므로 반드시 다른 사람으로 바꾸어 제수하시리라 여겼었는데, 끝내 전대로이니, 결국 일을 그르치게 되리라는 것은 점쳐 보지 않아도 알 수 있습니다. 그리고 종사관은 전부터 재능과 인망이 있는 선비를 극선(極選)하여 왔었는데, 이번에 오는 중국 사신은 관계되는 바가 더욱 중대합니다. 그런데 조정지(趙庭芝)는 현재 판교(判校)로 문서(文書)에 종사하고 있는데 데리고 갈 것을 계청하였고, 또 재주와 문장을 취하여 허균(許筠)을 데리고 갈 것을 계청하였다고 합니다. 허균은 연소하여 아직 일을 경험하지 못했고, 조정지도 근래 사정의 곡절을 모르기 때문에 신흠을 데리고 가게 해 줄 것을 계청했던 것인데, 정원이 문사 낭청으로 계체(啓遞)하였습니다. 하지만 지금 조정의 의논은, 이 사람이 오랫동안 비변사에 있으면서 중국을 왕복했으므로 크고 작은 일을 매우 잘 알고 있어서 명류(名流)들 중에서 구한다 해도 그에 견줄 만한 사람이 드물다고 합니다. 더구나 지금은 옥사(獄事)가 거의 끝나가고 있으니, 조정지를 체차하고 신흠을 데리고 가게 해 주소서."

하니, 전교하기를,

"신흠이 아니라도 종사관으로 삼을 만한 사람이 있을 것이다. 윤허하지 않는다."

하였다. 윤선각이 예조 정랑 신광필(申光弼)을 데리고 가기를 계청하였다.

『선조실록』 105권, 선조 31년(1598년) 10월 13일 을축일의 기사는 처음으로 허균의 사람됨을 묘사하고 있다. 총명하고 글을 잘하기는 하나 인간 됨됨이가 경박하다는 부정적 평가인 셈이다.

민몽룡(閔夢龍)을 병조 참의로, 이정신(李廷臣)을 전주 부윤(全州府尹)으로, 이정구(李廷龜)를 공조 참판으로, 허균(許筠)을 [타고난 성품이 총명하여 모든 서적을 박람(博覽)하였으므로 글을 잘하였다. 그러나 사람됨이 경망하여 볼 만한 것이 없다.] 병조 좌랑으로, 심희수(沈希壽)를 좌부 빈객(左副賓客)으로, 황정철(黃廷喆)을 집의로 삼았다.

허균은 선조 32년 5월 25일 임신일 황해도사에 제수된다. 그날의 일을 기록한『선조실록』113권, 선조 32년(1599년)조의 기사에 "(허균은) 행실도 수치도 없는 사람이다. 오직 문장의 재주가 있어 세상에 용납되었는데, 식자들은 더불어 한 조정에 서는 것을 부끄러워하였다"라고 적혀 있다.

이와 관련하여『선조실록』120권, 선조 32년(1599년) 12월 19일 갑오일의 기사는 허균의 기질이나 태도를 엿볼 수 있는 대목이다.

사헌부가 아뢰기를,

"황해도사(黃海都事) 허균(許筠)은 경창(京娼)을 데리고 와서 살면서 따로 관아를 자기 집에 설치하였고, 또 중방(中房)158) 이라는 무뢰배를 거느리고 왔는데 그가 첩과 함께 서로 안팎이 되어 거침없이 행동하면서 함부로 청탁을 하므로 많은 폐단을 끼치고 있습니다. 온 도내가 비웃고 경멸하니, 파직시키소서."

하니, 아뢴 대로 하라고 답하였다.

선조 33년 경자(1600) 12월 22일(신묘)

예조가 아뢰기를,

"영악전이 불탄 연유는 이미 치계하였습니다. 재궁은 길유궁(吉帷宮)을 배치할 기지(基地)에 봉안하고, 우주(虞主)와 혼백(魂帛)은 즉시 영좌(靈座)를 설치하여 한 곳에 봉안한 뒤에 세자와 백관이 곡림(哭臨)하였습니다. 그리고 나서 즉시 세자께 품달(稟達)하여 지제교(知製教) 허균(許筠) [성품이 총명하고 문장에 능하였으나, 부형과 자제들의 몸가짐이 근실하지 못하므로 당시 사람들이 천히 여겨 버림을 받았다.]으로 하여금 고사(告辭)를 짓게 하여 조전(朝奠) 때에 위안제까지 겸하여 행했습니다. 그리고 또 신들이 시강원(侍講院) 관원들 및 도감당상(都監堂上)과 의물(儀物)을 점검해 보았더니 유실된 물건이 하나도 없었습니다. 그러므로 삼공(三公)이 세자께 품달하여 전에 정한 시각에 따라 즉시 천구(遷柩)의 예를 행하고 이어 하현궁하였습니다. 또 건릉(健陵)·현릉(顯陵) 두 능에도 상례(常例)에 따라 위안제를 올려야 할 듯한데, 이 일은 이곳에서 마음대로 정할 수 없으므로 감히 아뢰니다."

하니, 알았다고 전교하였다.

　한편 『선조실록』 143권, 선조 34년(1601년) 11월 17일 신해일의 기사는 선조와 원접사 이정구 간 조사를 영접하는 예에 대한 논의로 시작하는데, 이정구가 허균이 필요한 까닭을 아래와 같이 밝히고 있다.

　이정구가 아뢰기를,

"연소한 사람 중에 해운 판관(海運判官) 허균(許筠)은 시에 능할 뿐만 아니라, 성품도 총민(聰敏)하며 전고(典故) 및 중국 일을 많이 압니다. 양주 목사(楊州牧使) 김현성(金玄成)은 나이는 늙었으나 또한 시재(詩才)가 있고 글씨도 잘 쓰니 뒤따라 들어오게 하고 싶습니다."

하니, 상이 이르기를,

"경이 하고 싶은 대로 하라. 데리고 가고 싶다면 무슨 어려움이 있겠는가."

선조 35년(1602년) 5월 17일 무인일의 기사에는 지평 원경이 허균을 파직토록 아뢰는 구절이 들어있다. 하급자인 허균이 상급자인 심희수의 체면을 손상시켰다는 것이 파직 주장의 이유인데, 보기에 따라서는 지나친 말, 의롭지 않은 일에 대해 침묵하지 않고, 그렇다고 상대를 무시하지도 않고 용기 있게 상급자의 말을 가로막은 허균의 뜻은 오히려 높이 살만하다고 할 수 있다. 본질과 형식을 구별할 필요가 있는 대목이다. 게다가 허균은 평소 친하다여긴 상급자 희수를 존중해 귓속말로 자제를 요청한 것인데 희수가 분노한 것은 허균의 언행이 오로지 자신을 무시한 처사로만 받아들인 데 기인하는 것이다.

지평 윤경(尹絅) [대사헌 이광정(李光庭), 집의 김대래(金大來), 장령홍식(洪湜)·이구징(李久澄), 지평 이심(李愖).] 등이 와서 아뢰기를, "병조 정랑(兵曹正郞) 허균(許筠)이 문사 낭청(問事郎廳)으로 엊그제궁궐 뜰에서 국... ...문할 때에 대신 앞에 나아가 기초(起草)하고 있었는데, 판부사(判府事) 심희수(沈喜壽) 역시 고할 일이 있어 대신 앞에나갔더니, 허균이 희수를 물러가라고 하자 희수가 노하여 물러갔습니다. 국청에는 조정 백관이 모두 모였고, 찬성(贊... ...成)은 높은 품계에 있는 중신(重臣)인데 일개 낭관인 허균이 감히 내쫓듯이 하여 물리쳤으니 체면을 너무 손상시켰습니다. 파직하소서." [그때 추국의 일로 제신들이 회의하고 있었는데 희수가 밖에서 들어와 대신 앞에 나아가 말하기를 '이... ...들은 강아지나 쥐새끼 같은 도둑의 무리에 불과하고 인증하는 것은 대부분 실상이 없는 거짓 기록인데 역옥으로 덮어씌워 다스리면 국가의 체면을 손상하지 않겠는가.'라고 하자, 허균이 곁에서 기초하다가 희수에게 '영감(令監)의 말씀이 잘못... ...되었으니 물러가 쉬시오.' 하였다. 대개 허균의 뜻은 역옥은 엄중한 것인데 희수의 말이 지나치다 여기고 희수가 자기에게 가깝게 해주는 자라고 생각되어 귀에 대고 말한 것인데, 희수가 노하여 일어나면서 '네가 어떻게 감히 물러나라고 하느냐?'...

선조 37년(1604년) 9월 6일 계축일의 관직 제수 기사는 허균에 대한 악평이 덧붙여있다. 심지어 "온 세상이 천하게 여기고 미워했다"라고 허균에 대한 증오의 감정을 공분으로 치부하고 있다.

신중엄(申仲淹)을 동지중추부사로, 유사규(柳思規)를 첨지중추부사로, 김응서(金應瑞)를 경상 좌병사로, 여유길(呂裕吉)을 군기시 정으로, 윤의(尹顗)를 예빈시 부정으로, 채형(蔡衡)을 사간원 헌납으로, 윤수겸(尹守謙)을 정언으로, 성시헌(成時憲)·이경운(李卿雲)을 예조 좌랑으로, 조즙(趙濈)을 부수찬으로, 이구징(李久澄)·이기수(李麒壽)를 전적(典籍)으로, 이광악(李光岳)을 수원 부사로, 허균(許筠)을 수안 군수로, [사람됨이 간사하고 또한 조행이 없었다. 일찍이 강릉(江陵) 땅에 나갔을 적에는 명기(名妓)에게 혹하여, 그의 어미가 원주(原州)에서 죽었는데도 분상(奔喪)하지 않았었다. 또 근거 없는 말을 조작하여 이홍로(李弘老)와 함께 공모하여 사림(士林)을 도모하려 하였는데, 간교한 상황이 탄로나 흉계를 이루지 못하였다. 온 세상이 천하게 여기고 미워했다.] 허완(許完)을 단천 군수로, 방복령(房復齡)을 제주 판관으로, 심곤(沈闇)을 공조 정랑으로 삼았다.

선조 39년(1606년) 7월 22일 기축일의 기사는 원접사와 반송사의 일기에 관해 연릉 부원군 이호민이 아뢰는 대목으로 시작한다. 허균의 직무 태만과 요령에 대한 폭로가 자칫 책임전가처럼 들린다.

연릉 부원군(延陵府院君) 이호민(李好閔)이 아뢰기를,

"전부터 원접사(遠接使)와 반송사(伴送使)의 일기는 일행의 종사관 1명을 뽑아서 맡아 수정하게 한 것이 통례입니다. 임인년에 신이 과분하게 원접사가 되었을 때에도 종사관 허균(許筠)을 뽑아 수정하게 하였는데, 복명(復命)한지 얼마 안 되어 허균이 문사 낭청(問事郎廳)으로 몇 달 동안 국청(鞫廳)에 참가하였기에 탈고(脫稿)할 여가가 없었습니다. 그때에 신이 마침 경연에 입시하여 삼가 '원접사와 반송사의 일기가 마땅히 있어야 할 것이다.'라는 분부를 받고 그 일을 맡은 종사관이 연이어 문사 낭청에 차출되어 미처 수정하지 못했다는 뜻으로 아뢰자, '경이 모르고 있을까 싶어서 말하였다. 알고 있으니 빠르고 늦음이 무슨 관계가 있겠는가.'라고 분부하셨습니다.

신이 삼가 분부를 듣고 황공하여 물러나와 허균에게 빨리 수정을 완료하라고 독촉하였더니, 허균이 왕복길의 일은 한 글자도 기록하지 않고 심지어 날씨의 흐림이나 맑음도 꼬박꼬박 기록하지 않은 채, 단지 신이 날마다 올렸던 장계의 초안을 가지고 수정해 내려고 하였는데, 그것조차 제때에 하지 않았습니다. 신이 허균이 수정해 놓은 것을 가져다 보았는데 장계의 초안에서 단지 이두(吏讀)만 빼었으므로 문맥이 끊어져 연결되지 않을 뿐만이 아니라, 장계에 실린 일 이외에 기록할 만한 일들이 많이 있었는데도 전혀 기록하지 않았습니다. 이로써 상께 보여드

릴 수가 없었으므로 신이 할 수 없이 스스로 초안을 잡았습니다.

장계의 초안에 기록된 것 및 신이 기억하는 것들을 가지고 참작하여 초고를 완성하기까지 세월이 많이 흘렀습니다. 그 가운데 꼭 기록해야 할 것이 있는데도 잊어버려 기록하지 못한 것도 있습니다. 신이 이미 건망이 들어 주고받은 말이나 듣고 본 일을 눈 깜짝할 사이에 잊어버렸고 담당 종사관도 한 마디의 말도 기록한 것이 없으니, 몹시 민망하였습니다. 그래서 일행의 하리(下吏)로 하여금 해조(該曹)가 소장하고 있는 문서를 찾아보라고 하여 소득이 있기를 바랐었는데, 해조의 문서 또한 몹시 소루하였고 기록한 것이 있었어도 찾아내기가 불편하였습니다. 이 때문에 자꾸 세월만 보내게 되어 항상 근심과 고민을 품었었는데, 삼가 원접사 유근(柳根)이 일행의 일기를 제출했다고 들었습니다. 신이 5년이 지난 뒤에도 아직 완성하여 올리지 못하였으니 신이 일을 회피하고 게을리하여 직분을 다하지 못한 것이 죽을 지라도 죄가 남을 것입니다. 신이 처음에는 하료(下僚)를 단속하지 못하여 기록을 빠뜨리는 폐단을 빚었고 끝내는 혼란을 두려워하여 그럭저럭 넘기다가 아직도 끝맺지 못하였으므로 황공하기 그지없어 대죄합니다.

이어 삼가 생각건대, 이미 지나가버린 일은 갈수록 더욱더 희미해집니다. 지금 근거할 만한 자취를 찾아낼 길도 없습니다. 차라리 신이 이미 이루어 놓은 초고에다 빠뜨려진 것은 빼놓고, 남아 있는 것은 기록한다면 비록 매우 소략하고 미비하지만 또한 대강을 추고(追考)할 수 있을 것입니다. 이 초고에 따라 일행의 담당 서사인(書寫人) 이해룡(李海龍)·송효남(宋孝男)·이자관(李自寬)으로 하여금 빠른 시일 안에 정서하고 제본하여 올리게 하는 것이 어떻겠습니까?"

하니, 답하기를,

"윤허한다. 대죄하지 말라."

하였다.

그럼에도 불구하고 허균의 문재는 부인할 수 없었던 것으로 보인다. 시의 격은 높지 않다고 하면서도 그의 총명하고 박식함 때문에 다른 사람은 상대하기 어려운 중국 사신 접대에 최적의 인물이라고 평가하고 있기 때문이다. 선조 39년(1606년) 8월 6일 임인일의 기사에 유근의 평가가 기록되어 있다.

상이 이르기를,

"경의 종사관 허균(許筠)과 조희일(趙希逸)은 그 재주가 필시 넉넉할 것이다."

하니, 유근이 아뢰기를,

"허균은 시격(詩格)은 높지 않지만 총명하고 박식하여 중국 사신을 접
대함에는 이 사람보다 나은 자가 없었습니다. 조희일은 재주가 많지
만 제술(製述)이 미숙합니다. 이지완(李志完)도 재주가 있어 잘 합니
다."

하였다. 미시(未時)에 파하고 나갔다.

수차례의 파직 등 여러 악조건에도 불구하고 허균은 선조 40년
(1607)년 삼척부사로 임명된다. 그 해 5월 4일 병인일의 기사는 이
교 엄금, 정업원·안일원의 거주자 철거, 허균과 곽재우 탄핵 등
에 관한 헌부의 상소문에 관한 것인데, 허균에 대한 악의가 정점
에 달한 느낌을 주는 내용이 수록되어 있다.

헌부가 아뢰기를,.

"상께서 즉위하신 이래 정학(正學)을 장려하고 이교(異敎)를 배척하
기를 지극하게 하지 않은 바가 없습니다. 그래서 사설(邪說)이 영원히
끊어지고 좌도(左道)가 있다는 말이 들리지 않았으니, 승니(僧尼)가
없어져 이색(異色)의 사람이 보이지 않았습니다. 그런데 난리 이후에

전쟁에 관한 일이 많아 미처 문교(文敎)를 펴지 못한 채 구로(舊老)가 다 죽어 후생들이 흥기(興起)되지 않으므로, 유식한 사람들이 한심하게 여긴 지 오래입니다. 10여 년 전부터 인심이 흐려지고 사설(邪說)이 횡행해도 금하여 검칙하지 못하니, 어리석은 백성들이 미혹되어 남자는 거사(居士)가 되고 여자는 사당(社堂)이라 칭하며 본분의 일을 일삼지 않고 승복을 걸치고 걸식하며 서로를 유인하여 그 무리들이 번성하고 있습니다. 그런데도 주현에서 금단하지 않으므로 평민의 절반이 떠돌아다녀 도로에 줄을 잇고 산골짜기에 가득 차며 혹 자기들끼리 모이면 천백(千百)의 무리를 이루니 보기에 놀랍습니다.

경성(京城)에 있어서는 엄한 법이 있는데도 출입하며 유숙(留宿)하는 자가 헤아릴 수 없이 많을 뿐만 아니라 여염 사이에도 상하가 모두 휩쓸려 중을 접대하고 부처를 공양하며, 사신(捨身)하여 재(齋)를 설시하는 자가 역시 많고, 사대부 중에도 마음을 기울여 부처를 받들면서 부끄러운 줄을 모르는 자가 있으니, 이런 풍속을 가지고 세도를 어떻게 구하겠습니까. 백련교도(白蓮敎徒) 난과 같은 변이 혹 뜻밖에 일어 백성들의 이목을 가리고 천하를 혼탁한 지경으로 빠뜨릴까 두렵습니다. 청컨대 중외(中外)로 하여금 거사와 사당이라 일컫는 남녀로서 떠돌아다니면서 그 거처가 일정하지 않은 자는 소재(所在) 주현에서 잡아가두고 추궁하여 더욱 심한 자를 조사해 낸 다음, 여자가 있고 가업(家業)이 실한 자는 뽑아서 북도(北道)로 들여보내 변방을 채우고, 의탁할 사람이 없는 자로 나이가 젊어 부릴 만한 자는 관노비(官奴婢)로 정속(定屬)시키고, 요언으로 군중을 현혹시키거나 유혹하기를 창도하여 민간에 화를 끼치는 자는 취복(取服)해 계문(啓聞)하여 국법을 시행할 것을 해조로 하여금 경중(京中) 및 개성부(開城府)와 팔도에 알려 특별히 신칙하여 착실히 거행하게 하소서.

정업원(淨業院)·안일원(安逸院) 등의 옛터는 바로 전일 선왕(先王)의 후궁이 거주하던 별처(別處)로 궁궐에서 아주 가까운 곳입니다. 그런데 지금 여승(女僧)이라 불리우는 자들이 많이 들어가 집을 짓고 감히 전철을 따르고 있는데도 관에서는 괴이하게 여기지 않으므로, 도성 안의 무식한 자들이 분주하게 떠받들고 혹 딸들을 다투어 투속시키고 있습니다. 전일에는 조정에 공론이 있어 선왕의 후궁이 거주할 때에도 철거하기를 청하였는데 지금 보잘것 없는 저 무리들이 어찌 감히 국법(國法)을 두려워하지 않고 당돌하게 다시 설치한단 말입니까. 청컨대 한성부(漢城府)로 하여금 집을 모조리 철거하여 성문 밖으로 내쳐 성안에 발을 붙이지 못하도록 하게 하소서.

삼척 부사(三陟府使) 허균(許筠)은 유가(儒家)의 아들로 그 부형이 종사하던 것과는 반대로 불교를 숭신(崇信)하여 불경을 외며 평소에도 치의(緇衣)를 입고 부처에게 절을 하였고, 수령이 되었을 때에도 많은 사람이 보는 앞에서 재(齋)를 열어 반승(飯僧)하면서도 전혀 부끄러워할 줄을 몰랐으며, 심지어 중국 사신이 나왔을 때에는 방자하게 선담(禪談) 불어(佛語)를 하며 부처를 좋아하는 일을 장황하게 늘어놓아 중국 사신의 눈을 현혹시켰으니, 매우 해괴하고 놀랍습니다. 청컨대 파직하고 서용하지 말아 사습(士習)을 바로 잡으소서.

전 우윤(右尹) 곽재우(郭再祐)는 행실이 괴이하여 벽곡(辟穀)을 하고 밥을 먹지 않으면서 도인(導引)·토납(吐納)의 방술(方術)을 창도하고 있습니다. 성명(聖明)의 세상에 어찌 감히 오활하고 괴이한 일을 자행하여 명교(名敎)의 죄인이 되는 것을 달게 여긴단 말입니까. 파직하고 서용하지 말아 인심을 바로잡으소서. 선비들 가운데 무뢰한 무리들이 혹 이 사람의 일을 포양(襃揚)하여 본받는 자가 또한 많으니, 사관(四館)으로 하여금 적발해 정거(停擧)하게 하여 사도(邪道)를 억제하는 법을 보이소서.

초관(哨官) 이명신(李明)은 초군(哨軍)을 부려 자신의 집을 지었으므로 군사들의 원성이 자자합니다. 매우 외람되니 파직하소서."

하니, 답하기를,

"승전을 받드는 일은 윤허한다. 안일원과 정업원의 일은 비록 옛터에
다 초가집을 지어 거처하는 장소로 삼고 있지만 대체(大體)에 관계된
바가 아니니, 치지 도외(置之度外)하면 그만이다. 허물고 내쫓기까지
하는 것은 온당치 못할 듯하다. 허균의 일은 그 허실을 알 수 없으나
예로부터 문장을 좋아하는 자는 혹 불경을 섭렵하였으니, 균의 심사도
그러한 것에 불과할 것으로 생각된다. 또 혹시 말이 전해지면서 부연
된 것은 아닌지 모르겠다. 곽재우가 벽곡하고 밥을 먹지 않은 것 역시
그대로 두어야지 어찌 죄를 주겠는가. 이명신의 일은 윤허한다."
하였다.

III. 나가기

주변의 불만이나 비웃음을 모를 리 없는 허균은 다음과 같은 시
가로서 적적한 마음을 스스로 위로한다. 자신이 파직되었다는 소

식을 듣고 난 뒤의 일이다.

파직 소식을 듣고서 짓다(聞罷官作)

예의 가르침이 어찌 나를 구속하리오
인생의 부침을 그저 마음에 맡길 뿐
그대들은 그대들의 법도를 따르시게
나는 스스로 나의 삶을 이루겠노라

예는 형식이다. 그리고 사회적 존재로서의 인간에게 격식을 갖춘 라이프 스타일을 요구하는 것이 예법이다. 따라서 원활한 인간관계를 위해서는 사회적으로 용인되는 예법 이상의 언행을 삼갈 것이 요구된다. 허균이 그런 사실을 몰랐을 리 없다. 그러나 그는 집단의 규율보다 개인의 자유로운 선택을 더 중요시한 것 같다. 구속하는 예를 따르기보다는 예에서 벗어나는 해방감을 선택하고, 그로 인한 질시나 폄훼 그리고 파직 같은 불이익에 연연해하지 않으려는 강한 자기 의지가 위의 시구에서 엿보인다. 비록 허균이 경망한 구석이 있고, 때로 나태하고 술과 여자를 좋아하기는 했을지언정 학자로서 그는 공부에 누구보다 열성적이었다. 서얼들과는 기꺼이 어울리고 고답적인 조정 인사들과의 친분 쌓기는 소홀히 했다. 이미 이 자체가 기득권 세력에게는 배척의 요인이 된다. 허균은 비난과 질시를 두려워하지 않고 마음이 자유로운 길을 선택했다. 그는 시대를 앞서 산 자유주의자였다.